Hans-Peter Scholz

Kaninchen-Kompass

Kaninchen-Kompass

Rassekaninchen auf einen Blick

Von Hans-Peter Scholz

4., überarbeitete und ergänzte Auflage

Oertel + Spörer

Titelbild: 1,0 Englische Schecken, blau-weiß (Martin Siegel, March) Foto: Wolters

Haftungsausschluss

Die Hinweise in diesem Buch stammen vom Autor.
Es können jedoch keinerlei Garantien übernommen werden.
Eine Haftung des Autors bzw. des Verlages und seiner Beauftragten für Personen-, Sach- und Vermögensschäden ist ausgeschlossen.

Bibliografische Information der Deutschen Nationalbibliothek

Die Deutsche Nationalbibliothek verzeichnet diese Publikation
in der Deutschen Nationalbibliografie;
detaillierte bibliografische Daten sind im Internet über http://dnb.d-nb.de abrufbar.

Postfach 16 42 · 72706 Reutlingen
4., überarbeitete und ergänzte Auflage

Schrift: 9,5/11 p Stone
Satz und Repro: Raff digital GmbH, Riederich
Druck und Bindung: Oertel+Spörer Druck und Medien-GmbH+Co., Riederich
Printed in Germany
ISBN-10: 3-88627-729-1
ISBN-13: 978-3-88627-729-2

Vorwort

Die dritte Auflage des Werkes enthält im Vergleich zum Einheitsstandard nicht nur eine exakte Beschreibung der einzelnen Kaninchenrassen, sondern beschreibt oder definiert auch Hintergrundwissen wie zum Beispiel Zuchtgeschichte und Zuchtziel. Nach diversen Änderungen in der Zwischenzeit sehen wir uns in der Pflicht, unser Werk zu aktualisieren.
Nicht nur die sich immer auf dem neuesten Stand befindende genaue Beschreibung aller Kaninchenrassen zeichnet dieses Werk aus, das in keiner Züchterbibliothek fehlen sollte. Im Vorspann erhält der Kaninchenfreund auch wertvolle Tipps, was er bei der Beurteilung seiner Kaninchen zu beachten hat.
Er kann seinen Erfolg als Züchter und Aussteller von Rassekaninchen nachhaltig verbessern, indem die fehlerhaften und untypischen Tiere den Weg allen Fleisches gehen, ohne bei wenig Erfolg versprechenden Ausstellungsversuchen das Budget unnötig zu belasten.
Auch ziehen tiefe gesellschaftliche Entwicklungsprozesse Änderungen des menschlichen Geschmackes nach sich: Bestehende Kaninchenrassen verändern sich, neue kommen hinzu. Daher werden in dieser Ausgabe auch wieder viel versprechende Neuzüchtungen aufgenommen. Wenn sie in den Standard gelangen, bleibt das Werk dennoch aktuell. Auch alle Neuerungen, die die Standardkommission des Verbandes Deutscher Rasse-Kaninchenzüchter (ZDRK) erarbeitet hat, hat Hans-Peter Scholz bei der Neubearbeitung des Werkes einfließen lassen, sodass man mit Fug und Recht sagen kann, dass es auf dem neuesten Stand ist.
Der vollkommen überarbeitete Kaninchen-Kompass in der vorliegenden 4. Auflage informiert Liebhaber und Züchter in Wort und Bild umfassend und aktuell über die bunte Welt der Rassekaninchen.

Reutlingen, im Juli 2006 Der Verlag

Inhalt

Alphabetisches Rasseverzeichnis

Neuzüchtungen:

Beurteilung von Kaninchen

Kaninchen werden im Wettbewerb von Preisrichtern bewertet, die zu diesem Zweck eine dreijährige Ausbildung und zwei Prüfungen, mit denen sie ihr theoretisches und praktisches Wissen unter Beweis stellen mussten, hinter sich gebracht haben. Im Gegensatz zu anderen Tierarten, bei denen es für jede Rasse Spezialrichter gibt, kennen wir bei den Rassekaninchen nur den Universalrichter, der alle Rassen bewerten können muss.

Spezialrichter im eigenen Stall muss jedoch vor allem der Züchter selbst sein: Er muss seine Rasse genau kennen und in der Lage sein, seine Tiere zu beurteilen. Denn nur so kann er die richtige Auswahl der Tiere für die Ausstellung und Zucht vornehmen, die letztlich über seinen Erfolg entscheidet.

Die Zucht steht also im Wesentlichen auf zwei Beinen, nämlich: Erstens der Kenntnis der Genetik und zweitens dem Vermögen, diese in die Praxis umzusetzen. Hierzu bedarf es natürlich der Fähigkeit, seine Tiere richtig zu beurteilen. Dass manche Züchter hierbei noch Schwierigkeiten haben, beweisen die vielen eindeutigen Nb-Tiere auf unseren Ausstellungen.

Der erste Blick

Wichtig bei der Beurteilung ist der erste Blick. Setzt man sich ein Tier auf den Tisch, so muss man mit dem ersten Blick erfassen, ob dieses dem Rassetyp entspricht. Außerdem sollte man auch gleichzeitig feststellen, ob das Tier gesund ist. Offensichtliche Fehler wie falsche Augenfarbe, fehlerhafter Farbanflug, Abweichungen der Farbe nach hell oder dunkel müssen sofort ins Auge fallen. Der erste Blick ruft in uns ein „Vorurteil" über das Tier hervor. Die weitere Untersuchung des Tieres sollte dazu dienen, dieses erste Urteil zu objektivieren, nicht jedoch es zu bestätigen. Denn sonst übersieht man Fehler oder redet sich gar selbst ein, dass das Tier mit solchen nicht behaftet sei. So kommen in der Regel dann auch die Enttäuschungen über Bewertungen der Tiere auf den Ausstellungen zu Stande, die dort, nicht unbedingt das Ansehen unserer Sache fördernd, oftmals lautstark zwischen den Käfigen zum Ausdruck gebracht werden.

Durch Vermittlung von Fach- und Hintergrundwissen soll dieses Buch dazu beitragen, den Züchter in die Lage zu versetzen, seine Tiere selbst richtig „zu bewerten".

Allgemeines zum Gewicht

Das Gewicht sollte bereits im Züchterstall nur mit einer genauen Waage ermittelt werden. Auch Jungtiere sollten öfters gewogen werden. Die Gewichtstabellen über Jugendwachstum, wie sie in vielen alten Büchern abgedruckt waren, sind jedoch wenig sinnvoll. In der frühesten Jugend der Tiere hängt das Wachstum sehr stark von der Wurfstärke ab. So wird die Gewichtsentwicklung eines Dreierwurfes regelmäßig weit über der eines 10er-Wurfes liegen, obwohl man züchterisch Letzteren höher einstufen muss. Wiegt man die Tiere dann alle mit 6 Monaten noch einmal, haben sie meist gleichgezogen.

Auch ist die Gewichtsentwicklung stark von der Fütterung abhängig. Welche Fütterungsart besser ist, lässt sich nicht sagen: Die Fütterung überwiegend mit Fertigfutter ist teurer, aber bequemer. Bei ihr liegt eine Gefahr darin, dass die Tiere früh verfetten und sich durch das schnelle Wachstum bestimmte Formfehler verstärken.

Die Fütterung mit wirtschaftseigenem Futter ist preiswerter, aber arbeitsaufwändiger. Bei ihr liegt eine Gefahr darin, dass sie zu einseitig ausfällt und es zu Mangelerscheinungen kommt, wenn beispielsweise nur eine bestimmte Pflanzensorte als Grünfutter gefüttert wird. Jedoch wachsen bei dieser Art der Fütterung die Tiere langsamer und neigen weniger zu umweltbedingten Formfehlern.

Die Körperform

Zuerst wird die Körperform insgesamt überprüft. Entspricht sie dem Rassetyp? Ist das Tier, wie der Standard fordert, gestreckt, leicht gestreckt, leicht gedrungen, gedrungen oder gar blockig? Geht man hier streng mit den Tieren ins Gericht, wird man bereits einige finden, die vom Rassetyp abweichen. Der Rumpf muss vom Becken bis zu den Schultern gleich breit sein. Lediglich bei den gestreckten und den leicht gestreckten Typen ist eine leichte Verjüngung von hinten nach vorne zu tolerieren.

Dann erfolgt eine Detailbeurteilung. Empfehlenswert ist diese, wenn das Tier in normaler rassetypischer Stellung auf dem Tisch sitzt. Die Hals- und Brustpartie ist auf Wammenbildung und loses Brustfell zu untersuchen. Hierbei sollte jedoch nur das beurteilt werden, was bei normaler Stellung sichtbar ist, es sollte nicht am Brustfell gezogen werden.

Mittlerweile wird der Wichtigkeit der Läufe und des Standes mehr Tribut gezollt. Dies dürfte langfristig zur Folge haben, dass der Anteil an Tieren mit einwandfreien Vorderläufen immer größer wird.

Die Rückenlinie muss harmonisch verlaufen. Wird sie, wie bei den gedrungenen Rassen, ebenmäßig gefordert, muss der Rücken wie ein Tisch sein, breit und flach. Die Hinterpartie sollte stets gut gerundet sein.
Ein Vorstehen der Hüftbeinknochen ist immer ein Fehler, der die Qualität eines Tieres deutlich herabsetzt.
Dieser Fehler, ebenso wie das Abstehen der Schenkel, deutet vielfach auf eine Fehlstellung der Hinterläufe hin. Die Hinterläufe sollten parallel zueinander stehen. Tiere mit abstehenden Schenkeln sind sehr oft kuhhessig, das heißt, die Krallen sind deutlich weiter auseinander als die Fersen.
Ein weiterer Fehler der Rückenlinie sind die losen Schultern. Tiere, die mit ihnen behaftet sind, zeigen einen Knick hinter den Schulterblättern, der auf einer Gewebeschwäche der Bänder beruht, die über dem Rücken die Schultern zusammenhalten. Oft haben gerade diese Tiere auch dicke Fressbäuche.
Die Blume sollte in ihrer Länge zur Körperform passen, bei gedrungeneren Typen ist sie kürzer als bei gestreckten. Sie sollte bei jedem Tier daraufhin abgefühlt werden, ob sie Knicke, Versteifungen oder Brüche aufweist oder ob an ihrer Spitze einige Glieder fehlen. Die Blume sollte gerade und eng am Körper anliegend getragen werden.
Wichtig ist auch die Überprüfung der Geschlechtsorgane, insbesondere beim Rammler. Der Penis sollte ganz aus seiner Hülle herausgestülpt werden. Er zeigt nur an der Spitze eine kleine Öffnung und ist nicht mit einer Haut an seiner Hülle angewachsen. Wie meine Erfahrung zeigt, sind Formfehler wie ein angewachsener oder gespaltener Penis stark vererblich. Die Vermutung liegt nahe, dass die Vererbung über mehrere, gleich gerichtete Gene erfolgt, die sich kumulieren.
Für die Zucht sollte man daher selbst von solchen Tieren Abstand nehmen, die diese Fehler nur ansatzweise zeigen. Auch die Hoden sind zu prüfen. Diese sollten normal groß und fest sein. Das Gewebe der Hodensäcke darf nicht schlaff sein. Tiere mit überlangen Hodensäcken, die daher Hänge- oder Schlepphoden zeigen, gehören weder auf die Ausstellung noch in die Zucht.
Die übrigen Feinheiten, die zu beachten sind, finden Sie bei den einzelnen Rassen aufgeführt.

Kopf und Ohren

Kopf und Ohren sind ein Teil der Körperform, der bei einem Großteil der Rassen zu einer eigenen Bewertungsposition erhoben wurde. Jedoch gibt es auch hier Gesichtspunkte, die allgemein für alle Rassen gelten. Darüber hinaus werden folgende allgemeine Fehler von Kopf und Ohren bei allen Tieren, gleichgültig, ob sie eine eigene Position

„Kopf und Ohren" haben, in der Position 2 bewertet: Biss- und Risswunden sowie Verstümmelungen an Kopf, Ohren und Augen, ebenso alle anatomischen Veränderungen wie beispielsweise fehlerhafte Zahnstellung.
Der Kopf sollte harmonisch zum betreffenden Tier passen, das ist weder der Fall bei einem wuchtigen Kopf auf einem zierlichen oder gestreckten Tier noch bei einem zierlichen Kopf auf einem vollrumpfigen, blockigen Tier.
Der Geschlechtscharakter ist am Kopf erkennbar: Das heißt jedoch nicht, dass der Häsinnenkopf schwächer sein sollte. Häsinnen sollten nahezu die gleiche Stirn- und Schnauzenbreite zeigen wie Rammlerköpfe. Die geschlechtsspezifische, extrem starke Kinnbackenausprägung finden wir jedoch nur beim Rammlerkopf.
Die Ohren sind bei allen Rassen, mit Ausnahme der Widderkaninchen, dann zum Tier passend, wenn sie ca. $1/4$ der Länge des gesamten Tieres haben. Bei den Riesenrassen sind das rund 18 bis 21 cm, bei den Mittelrassen zwischen 10 und 13 cm und bei den kleinen Rassen zwischen 9 und 10 cm sowie bei den Zwergen 5 bis 5,5 cm. Bei sehr gedrungenen Rassen sind die Ohrmuscheln vollfleischig im Gewebe, bei den gestreckteren Rassen etwas feiner. Sie sollten nicht zu breit gestellt sein, etwa in der Form einer römischen Fünf, und an den Enden nicht faltig, sondern löffelartig gerundet sein.
Zum Kopf gehören auch das Gebiss und die Augen. Gerade diese beiden Merkmale verdienen infolge der Tendenz zu immer stärkeren Köpfen mehr Beachtung. Zahnanomalien werden immer häufiger. Nicht nur das leidige Überbeißen, das zu langen Zähnen führt, sondern auch das so genannte Aufbeißen oder Zangengebiss ist hochaktuell. Auch mit diesen Fehlern behaftete Tiere sind weder für die Ausstellung noch für die Zucht zu gebrauchen. Da die Fehler des Gebisses hochgradig vererblich sind, sollte nach Möglichkeit der gesamte, damit behaftete Stamm nicht zur Weiterzucht verwendet werden.
Probleme bei den Augen bereiten insbesondere die tief liegenden und die tränenden Augen. Häufig tritt beides kombiniert auf. Beim normalen, gesunden Kaninchen werden ständig Tränen produziert, die über den Tränenkanal in die Mundhöhle gelangen. Können die Tränen nun, sei es, weil ein Knick oder eine Verengung des Tränenganges vorliegt, sei es, weil dieser aus anderen Gründen verstopft ist, nicht mehr in die Mundhöhle abfließen, so laufen sie nach außen ab. Dort verursachen sie nach kurzer Zeit ein Verkleben des betroffenen Fells, Haarausfall, Kahlstellen und zum Teil sogar entzündliche Hautveränderungen.
Zwar kann es auch einmal durch Zugluft oder eine Erkältung bei Kaninchen zu Tränenfluss kommen, dieser dauert jedoch nur einige Tage. In allen anderen Fällen ist zumindest die Anlage erblich, was bei der Zuchtwahl genügend Beachtung verdienen sollte.

Das Fellhaar

Auch zum Fellhaar gibt es einige grundsätzliche Bemerkungen zu machen: Das Fellhaar hat eine wichtige Aufgabe für das Tier zu erfüllen, es schützt dieses vor hohen und niedrigen Temperaturen. Es muss, um diesen Isolationsaufgaben nachkommen zu können, bestimmte Bedingungen erfüllen.

Bei den Wildkaninchen in der Natur sind Tiere, die nicht über eine entsprechende Fellstruktur verfügen, langfristig nicht lebensfähig, wohl aber im Züchterstall.

Wichtige Merkmale sind hier insbesondere die Dichte der Unterwolle und die Flexibilität der Begrannung. Zwar wird noch in der Literatur gefordert, dass die Felle immer dichter gezüchtet werden sollen. Man bedenkt dabei jedoch nicht, dass mit zunehmender Felldichte natürlich auch die Haarungszeiten zunehmen, in denen das Tier bekanntermaßen ja auch anfällig und nicht unbedingt mit bestem Ergebnis auszustellen ist. Ich bin hier zur Überzeugung gekommen, dass es wichtiger ist, einen gesunden Kompromiss zwischen Felldichte und Haarungslänge zu finden.

Ein weiterer wichtiger Aspekt des Felles ist, dass zwischen Fellstruktur und Fellfarbe oft ein enger Zusammenhang besteht. Ist z. B. ein Silberkaninchen lang und grob begrannt, so zeigt es eine grobe, flockige Silberung. Ein Chinchilla hingegen, mit einer feinen, gleichmäßigen Begrannung, wird die geforderte Schattierung nicht ausprägen können.

Auch der Glanz des Felles wird durch seine Struktur bewirkt. Nur Grannenspitzen glänzen, Unterwollhaare sind hingegen deutlich matter. Tiere mit einer sehr starken Begrannung und mit etwas weniger Unterwolle bringen den besten Glanz. Vergleicht man das Schwarzlohfell, das man typischerweise findet, mit dem Fell des Perlfeh, so fällt auf, dass Ersteres extrem glänzt, jedoch deutlich weniger dicht ist als Letzteres. Die zarte Pastellfarbe des Perlfeh jedoch kommt auf dem extrem dichten, vergleichsweise aber matten Fell besser zur Geltung. Ein Umstand, der letztendlich sogar dazu geführt haben dürfte, dass die perlfehfarbigen Satin keine Freunde fanden und wieder aus dem Standard gestrichen wurden.

Bei den Rexkaninchen wird das Problem fehlender Spürhaare immer aktueller und verdient mehr Beachtung. Auch die Kahlstellen unter den Läufen, die bei den Rexen ganz besonders häufig auftreten, verdienen es, züchterisch in Angriff genommen zu werden, denn da dieser Fehler in bestimmten Stämmen gehäuft, in anderen überhaupt nicht auftritt, ist davon auszugehen, dass er in hohem Maße erblich ist.

Nachdem die Standardkommission die Bedeutung des Felles dadurch gestärkt hat, dass bei Gesamt-Punktegleichheit und Punktegleichheit in der Körperform jetzt das Tier mit der besseren Fellhaarqualität und nicht mehr das mit der höheren Bewertung der Rassemerkmale bevorzugt wird, hat sie den Weg dazu geebnet, dass in den kommenden Jahren sicherlich die Fellhaarqualität unserer Rassekaninchen deutlich besser werden wird.

Gesundheit und Pflege

Eigentlich sollte selbstverständlich sein, dass nur gesunde Kaninchen in einwandfreiem Pflegezustand auf die Ausstellung gehören.
Leider ist das jedoch in der Praxis nicht immer der Fall. Streng genommen kann bereits ein Tier mit tränenden Augen nicht als völlig gesund bezeichnet werden.
Die Nase sollte in jedem Falle trocken sein, die Schleimhäute der Geschlechtsorgane sollten rosa, feucht und ohne Anzeichen von Entzündung sein. Die Augen sind beim gesunden Kaninchen ausdrucksvoll und lebhaft glänzend. Das Fell ist glänzend und glatt, es ist frei von Ektoparasiten.
Das Tier soll sauber sein, die Krallen sollten an den Spitzen gekürzt sein. Die Tiere, einschließlich der Sohlen, sollten ohne Urinbeize und Stallschmutz sein. Das ist jedoch regelmäßig nur der Fall, wenn sie immer – und nicht erst ein paar Tage vor der Ausstellung – sauber gehalten werden. Vor übertriebenem Reinigen der so genannten Geschlechtsecken muss gewarnt werden. Wird dieses gewaltsam vorgenommen oder werden die Schleimhäute anschließend nicht eingefettet, kann es zu schlimmen Entzündungen kommen. Schließlich hat das Fett, das wir dort entfernen, eine Schutzfunktion für die empfindlichen Häute.

Tierschutzgerechte Zucht

Die intensive Diskussion um den Tierschutz unter dem Gesichtspunkt so genannter „Qualzüchtungen“ ereilte auch die Rassekaninchenzucht. Unter dem Druck der Diskussion entstand besonders in drei Bereichen der Rassekaninchenzucht Handlungsbedarf: Um einer allzu großen Verzwergung von Kaninchen entgegenzuwirken, wurde bei den Zwergkaninchen (Hermelin, Farbenzwerge und Rexzwerge) das Mindestgewicht auf 1 kg erhöht, darüber hinaus wurden hier Mindestohrlängen festgelegt.
Außerdem wurde mit einer Empfehlung der Standardkommission zur Zucht von Punktschecken ein züchterischer Weg eingeschlagen, bei dem keine der mehr oder weniger letalen Weißschecken (Chaplins) mehr fallen. Bei den Englischen Widdern wurden schrittweise bis 2006 die Behangmaße reduziert und damit einhergehend die Körperformen an die langen Behänge angepasst und auch verbessert.

Empfehlungen zur Zucht von Punktschecken

Bezug nehmend auf die am 16. Mai 2000 stattgefundene Besprechung beim zuständigen Ministerium in Bonn wegen der Umsetzung von § 11b Tierschutzgesetz „Leitlinien für die Vermeidung tierschutzrelevanter Züchtung bei Kaninchen“, spricht der ZDRK folgende Empfehlung aus: „Zur Vermeidung des Auftretens homozygoter Weißschecken (sog. Chaplins) in der Zucht von Punktschecken sollen künftig heterozygote Typenschecken nur mit einfarbigen Tieren verpaart werden. Des Weiteren sind nicht ausstellungsfähig gefärbte oder fehlerhaft gezeichnete Tiere in das Zuchtbuch einzutragen und aufzuziehen. Die Verpflichtung zur statistischen Erhebung ist verbindlich. Sie ergibt sich – ebenso wie die hier ausgesprochene Empfehlung zur Zucht – aus dem im Oktober 1999 vorgelegten „Gutachten zur Auslegung von § 11b des Tierschutzgesetzes – Verbot von Qualzüchtungen“ (Ziffer 2.1.3.1.1), das unter anderem neuere Forschungen zur Letalität und zur Vitalitätsminderung bei Weißschecken berücksichtigt.

Beschluss zur Zucht der Englischen Widder

Bezug nehmend auf die am 16. Mai 2000 stattgefundene Besprechung beim zuständigen Ministerium in Bonn wegen der Umsetzung von § 11b des Tierschutzgesetzes „Leitlinien für die Vermeidung tierschutzrelevanter Züchtung bei Kaninchen“ fasste die ZDRK-Standardkommission folgenden Beschluss: „Bis zum Ende des Jahres 2005 muss die Ohrenlänge (Behanglänge) bei den Englischen Widdern durch entsprechende züchterische Maßnahmen so umgezüchtet werden, dass eine maximale Länge von 60 cm nicht überschritten wird. Für die Behangbreite gilt Entsprechendes.
Des Weiteren sind züchterische Maßnahmen zur Verbesserung der Körperform, des Baus und der Stellung in die Wege zu leiten, die einen freien Stand und ausreichende Bodenfreiheit gewährleisten.“
Entsprechend wurden die Maßtabellen für die Positionen 4 und 5 – Behanglänge und Behangbreite – sowie entsprechende Standardvorschriften für die Position 2 geändert.

Tötung von Kaninchen

Das Tierzuchtgesetz sieht vor, dass für die Tötung von Wirbeltieren ein wichtiger Grund vorliegen muss. Das früher teilweise praktizierte „Reduzieren von Würfen“ ist hiernach verboten, weil beispielsweise der Umstand, dass eine junge Schecke nicht die rassetypische Zeichnung bekommt und daher kein Ausstellungstier wird, kein wichtiger Grund im Rahmen dieser gesetzlichen Vorschrift ist, wohl aber eine starke Missbildung eines neugeborenen Jungkaninchens seine Tötung rechtfertigt.

Neuzüchtungen

2001 wurden für die Anerkennung einer Neuzüchtung/Nachzüchtung als Rasse oder Farbenschlag im Bewertungsstandard die Voraussetzungen vereinheitlicht, laut ZDRK-Lehrschrift 59/Juni:
Die Neuzüchtungstiere müssen mehrmals auf Bundesschauen oder Bundes-Rammlerschauen ausgestellt werden. Um dem Anspruch zu genügen, müssen bei diesen Schauen mindestens 20 Tiere (von 4 bis 5 Züchterinnen oder Züchtern) ausgestellt werden. Es muss also ein erkennbares Interesse von mehreren Züchtern vorhanden sein. Eine Neuzüchtung kann sich auch schneller entwickeln, wenn sie von mehreren Züchtern bearbeitet wird.
Bei den Bewertungen von Schau zu Schau muss eine Steigerung der Wertnoten im Schnitt erkennbar sein, d. h., die Neuzüchtung muss sich positiv entwickeln.
Für die Genehmigung einer Neuzüchtung gelten folgende Regularien: Grundsätzlich erteilt der zuständige Landesverband auf Antrag eines Züchters die Genehmigung für eine Neuzüchtung, sofern die ZDRK-Standardkommission die Freigabe erteilt hat. Die Neuzüchtungen, für die eine Genehmigung erteilt werden kann, sind allen Landesverbänden bekannt.
Neu beantragte Neuzüchtungen, die den Landesverbänden noch nicht bekannt sind, werden grundsätzlich von der ZDRK-Standardkommission bearbeitet und die Zulassung sehr sorgfältig nach verschiedenen Kriterien positiv entschieden oder aber auch abgelehnt. Danach erfolgt gegebenenfalls die Freigabe an die einzelnen Landesverbände.
Nach dem gültigen Bewertungsstandard gibt es über 350 mögliche Rassen und Farbenschläge. Die ZDRK-Standardkommission verweigert sich nicht, interessante und sinnvolle Neuzüchtungen zuzulassen. Sie trägt aber auch eine große Verantwortung und hat deshalb stets verschiedene Fakten zu prüfen, nicht zuletzt auch tierschutzrechtliche Aspekte. Der Grundsatz für die Züchter und für die Verantwortlichen muss lauten: Nicht alles, was machbar ist, ist auch sinnvoll.

Abteilung I – Große Rassen

1,0 Deutsche Riesen, grau (K. Schleicher, Motten). *Foto: Wolters*

Deutsche Riesen, grau bzw. andersfarbig (DR grau)

Zuchtziel

Es ist die größte und schwerste aller Kaninchenrassen und überragt die übrigen an Länge und Gewicht. Das Normalgewicht beträgt heute etwa 7 kg, die ideale Länge liegt bei 72 cm. Das Zuchtziel sollte auf möglichst große und schwere Tiere ausgerichtet sein. Ausgewachsene, überjährige Tiere sollten doch Gewichte von gut 8 kg auf die Waage bringen.
Oft wird der Rasse unterstellt, sie sei sehr wirtschaftlich. Stellt man jedoch die Relation von Futteraufnahme und Zunahme, von Lebendgewicht und Schlachtkörpergewicht, von Fleisch zu Knochen her, so stellt man sehr schnell fest, dass dem nicht so ist.
Im Gegenteil, auf Grund ihrer Größe stellen die DR hohe Ansprüche an Stallraum und Futtermenge, sodass mancher gar abgeschreckt wird. Züchterisch wünschenswert wäre eine stärkere Reinzucht der einzelnen grauen Farbenschläge.

Geschichtliches

Die Heimat der Rasse ist Belgien, und zwar stammt sie aus der Stadt Gent in Flandern. Deshalb nannte man die Tiere einige Jahrzehnte lang „Flandrische Riesen“. Später änderte man den Namen in „Belgischer Riese“. Die ersten dieser Tiere gelangten um 1890 nach Deutschland. Jahrelang züchtete man auf Größe und Gewicht, und dies hieß meist Länge, bis man 1937 – es war die Zeit der propagierten Wirtschaftsrassen – das Gewicht auf 5–6 kg reduzierte und eine erneute Namensänderung in „Deutscher Riese“ vollzog. Nach den erheblichen Irrungen und Wirrungen hat sich die Rasse nunmehr konsolidiert. Heute hat die Rasse einen festen Stamm an Züchtern, die sie engagiert auf hohem qualitativem Niveau halten.

Körperform, Typ, Bau, Stellung, Fellhaar

Gewicht:	5,5 kg (Mindestgewicht) bis 7 kg und mehr (Vollgewicht); kein Höchstgewicht.
Größe:	Die Körperlänge des niedergehaltenen Tieres beträgt 72 cm, von der Nasenspitze bis zur Schwanzwurzel (bei hochgelegter Blume) gemessen. L. F.: Abweichungen in der Größe zum Voll- bis zum Mindestgewicht sowie von der Normal- bis zur Mindestlänge von 66 cm. S. F.: Weniger als das verlangte Mindestgewicht oder eine Körperlänge unter 66 cm.
Form, Stellung:	Der Körper des DR ist groß und gestreckt, breit, tief und besitzt einen seiner Größe entsprechenden starken Knochenbau. Trotz dieser Größe wird Eleganz gefordert. Er ist auf starken Läufen ziemlich hoch gestellt, d. h., der Abstand der Bauchpartie vom Boden soll genügend groß sein, doch wird die Stellung des Hasenkaninchens abgelehnt. L. F.: Kinnknoten beim Rammler, leicht schiefe Wamme bei der Häsin, tiefe Stellung. S. F.: Starker Kinnknoten.
Kopf:	Groß, markant, mit breiter Stirn, starken Backen und gut entwickeltem Ober- und Unterkiefer. Die Nasenpartie ist stark ausgeprägt. L. F.: Schwach entwickelter Kopf, spitze Schnauze.
Ohren:	Kräftig aufgesetzt, straff aufgerichtet, fleischig, voll behaart, nach der Spitze zu abgerundet; ihre Länge soll $^1/_4$ der Körperlänge betragen. L. F.: Schwache, dünne Ohren. S. F.: Ohrenlänge unter 15 cm.

Rumpf:	Seine Breite beträgt etwa 1/4 der Körperlänge. Verlangt wird die sog. Walzenform, d. h., er sei von der Brust bis zur breiten, gut gerundeten, nicht abschüssigen Hinterpartie durchgehend gleich breit und stark bemuskelt. L. F.: Kinnknoten beim Rammler. S. F.: Starker Kinnknoten.
Blume:	Der Körperlänge entsprechend lang; sie wird gut am Körper anliegend getragen.
Rücken:	Gerade Rückenlinie mit gut gerundeter Hinterpartie. L. F.: Knick hinter den Schultern, hoch stehende Beckenknochen.
Brust:	Voll, gerundet.
Läufe:	Stark, breit gestellt, Vorderläufe verhältnismäßig lang, gerade, Hinterläufe sollen sich parallel zum Körper bewegen.
Fellhaar:	Dicht und gut begrannt, bei einer Haarlänge von etwa 4 cm. L. F.: Lockere Fellhaut bei älteren Tieren.
Häsin:	Sie ist wie bei allen Rassen feiner gebaut als der Rammler, namentlich der Kopf ist schnittiger (und erscheint deshalb länger, die Kaumuskulatur ist weniger ausgeprägt). Längen- und Gewichtsforderungen gelten auch für sie unverändert. Eine Wamme sei möglichst nicht vorhanden. L. F: Etwas große Wamme.

Farbe

Zugelassen sind die Grau-Farbenschläge Eisengrau, Dunkelgrau, Wildgrau, Hasengrau, Hasenfarbig. Die Beschreibung der Farbenschläge in dieser Reihenfolge berücksichtigt die hinsichtlich der Deckfarbe und der Schattierung festzuhaltenden Unterschiede, die den Übergang vom dunkleren zum helleren Phänotyp markieren, also von einem Erscheinungsbild, das überwiegend durch Reduzierung der so genannten „Gelbverstärker“ bestimmt ist, zu einem Erscheinungsbild, das überwiegend durch deren Anhäufung hervorgerufen wird.

Eisengrau: *(Vorbemerkung: Das Erscheinungsbild der eisengrauen Tiere wird hervorgerufen durch das Aufeinandertreffen der Erbanlagen B^e und B; es handelt sich also um spalterbige Phänotypen. Kaninchen mit der reinerbigen Anlage B^e B^e erscheinen fast gänzlich schwarz.)* Deckfarbe und Schattierung: Die Deckfarbe ist am gesamten Körper gleichmäßig schwarzgrau und mit hellgrauen Grannen schattiert. Der Genickkeil ist nur schwach angedeutet. Die Einfassung der Nase und der Augen ist nur wenig angedeutet; die Kinnbackeneinfassung ist dunkelgrau bis schwärzlich. Die Ohren zeigen ein vermehrtes Schwarz; der Ohrenrand ist breit und schwarz; die Ohrenspitzen sind schwarz. Die Blumenoberseite ist nicht gesprenkelt. Die Deckfarbe am Bauch, an der Unterseite der Blume und an den Innenseiten der Läufe ist dunkelgrau, insgesamt aber etwas matter und ohne Schattierung. Die Augenfarbe ist dunkelbraun. Die Krallenfarbe ist dunkelhornfarbig bis schwarz. Zwischenfarbe: Die Zwischenfarbe ist nur leicht bräunlich angedeutet; sie ist allerhöchstens schwach erkennbar. Eine kaum oder nicht mehr als solche zu erkennende Zwischenfarbe ist weder ein leichter noch ein schwerer Fehler. Unterfarbe: Die Unterfarbe ist infolge der zurücktretenden Zwischenfarbe am gesamten Körper bis zum Haarboden tief nachtblau. Die Unterfarbe an der Blumenunterseite bleibt unberücksichtigt. L. F.: Etwas helle oder fleckig erscheinende Deckfarbe einschließlich Bauch und Blumenunterseite, unrein-vermischte Farben; leichte Durchsetzung mit weißen Haaren. Aufhellung der Vorderläufe. Einzelne andersfarbige Haare auf der Blumenoberseite. Schwach ausgeprägter Ohrenrand; durch Ein- oder Ausläufer unsauber abgegrenzter Ohrenrand; leichte Durchsetzung des Ohrenrands mit andersfarbigen Haaren. Etwas aufgehellte Augen- oder Krallenfarbe. Etwas aufgehellte oder durchsetzte Unterfarbe. Bauchunterfarbe nur im Brust- und Schoßbereich. Schwache oder fehlende Unterfarbe im Bereich des Afters und an den Innenseiten der Hinterläufe. S. F.: Stark weiß durchsetzte Deckfarbe oder sichtbar weißer Büschel oder Fleck in der Deckfarbe einschließlich Bauch und Blumenunterseite; starke Aufhellung der Vorderläufe. Gesprenkelte Blumenoberseite, d. h. starke Durchsetzung der Blumenoberseite mit andersfarbigen Haaren. Stark weiß durchsetzter Ohrenrand oder sichtbar weißer Büschel oder Fleck im Ohrenrand. Gänzlich schwarzer Kopf. Andere als braune Augenfarbe; zweierlei oder pigmentlose Krallen. Stark weiß durchsetzte Unterfarbe. Völliges Fehlen der Bauchunterfarbe.

Dunkelgrau: Deckfarbe und Schattierung: Die Deckfarbe ist am gesamten Körper gleichmäßig dunkelgrau und mit hellgrauen Grannen schattiert. Der kleine Genickkeil ist bräunlich schwarz und tritt kaum in Erscheinung. Die Einfassung der Nase und der Augen ist dunkelgrau, nur wenig heller; die Kinnbackeneinfassung ist dunkelgrau. Der Ohrenrand ist intensiv schwarz gefärbt; er ist etwas breiter als beim wildgrauen Farbenschlag und sauber abgegrenzt. Die Ohrenspitzen sind schwarz. Die Blumenoberseite ist leicht graubraun gesprenkelt. Eine schwarze Blumenoberseite ist weder ein leichter noch ein schwerer Fehler. Die Bauchdeckfarbe, die Blumenunterseite und die Innenseiten der Läufe sind dunkelgrau, jedoch etwas matter und ohne Schattierung. Die Augenfarbe ist braun. Die Krallen sind dunkelhornfarbig. Zwischenfarbe: Die Zwischenfarbe ist bräunlich – schwach angedeutet – und nur etwa 3–4 mm breit. Unterfarbe: Die Unterfarbe ist am gesamten Körper bläulich bis tiefblau und reicht bis zum Haarboden. Die Unterfarbe an

der Blumenunterseite bleibt unberücksichtigt. L. F.: Helle Flanken oder Schenkel, unrein-vermischte Farben, leichte Durchsetzung der Deckfarbe mit weißen Haaren; etwas helle Deckfarbe am Bauch und an der Blumenunterseite. Helle Bindenansätze. Schwach ausgeprägter Ohrenrand; durch Ein- oder Ausläufer unsauber abgegrenzter Ohrenrand; leichte Durchsetzung des Ohrenrands mit andersfarbigen Haaren. Etwas aufgehellte Augen- oder Krallenfarbe. Breite, verschwommene oder blasse Zwischenfarbe. Blasse oder durchsetzte Unterfarbe; am Haarboden aufgehellte Unterfarbe. Bauchunterfarbe nur im Brust- und Schoßbereich. Schwache oder fehlende Unterfarbe im Bereich des Afters und an den Innenseiten der Hinterläufe. S. F.: Stark weiß durchsetzte Deckfarbe oder sichtbar weißer Büschel oder Fleck in der Deckfarbe; stark aufgehellte Deckfarbe am Bauch und an der Blumenunterseite. Weiße Binden an den Vorderläufen. Stark weiß durchsetzter Ohrenrand oder sichtbar weißer Büschel oder Fleck im Ohrenrand. Gänzlich schwarzer Kopf. Fehlender Nackenkeil. Andere als braune Augenfarbe; zweierlei oder pigmentlose Krallen. Gänzlich fehlende Zwischenfarbe. Stark weiß durchsetzte Unterfarbe. Völliges Fehlen der Bauchunterfarbe.
Wildgrau: Deckfarbe und Schattierung: Die Deckfarbe ist intensiv graubraun und mit einer kräftigen, schwarzen bündelartigen Schattierung versehen. Deckfarbe und Schattierung sollen sich gleichmäßig über den ganzen Rücken erstrecken und an den Seiten möglichst weit nach unten reichen. Die Farbe der Brust, der Läufe und der Seiten – etwa ab Mitte der Rumpfhöhe – erscheint etwas heller, da sie etwas weniger intensiv schattiert ist. Der Genickkeil ist bräunlich und relativ klein. Die Nase und die Augen sind heller eingefasst. Die Kinnbacken sind schmal mit weißer Farbe eingefasst, die nach dem Genick hin in die graue Farbtönung verläuft. Der Ohrenrand ist schwarz gefärbt und sauber abgegrenzt. Die Blumenoberseite ist dunkel und mit grauen Stichhaaren intensiv gesprenkelt. Die Deckfarbe am Bauch, an der Unterseite der Blume und an den Innenseiten der Vorder- und Hinterläufe ist weiß. Die Augenfarbe ist braun. Die Krallenfarbe ist dunkel (dunkelhornfarbig bis schwarz). Zwischenfarbe: Die Zwischenfarbe ist nur auf dem Rücken, an der Brust und an den Körperseiten vorhanden. Sie ist bräunlich bis braunrot, möglichst scharf abgegrenzt und ca. 4–6 mm breit. Unterfarbe: Die Unterfarbe ist bläulich bis stahlblau; sie erstreckt sich über den gesamten Körper und reicht bis zum Haarboden. Die Unterfarbe an der Blumenunterseite bleibt unberücksichtigt. L. F.: Deutlich aufgehellte Brust und Seiten; unrein-vermischte Farben; schwache Schattierung; leichte Durchsetzung der Deckfarbe mit weißen Haaren; etwas andersfarbige, cremefarbig angedeutete Bauchdeckfarbe, Blumenunterseite oder Innenseite der Läufe. Helle Bindenansätze; schwach gesprenkelte Blumenoberseite. Schmaler Ohrenrand; durch Ein- oder Ausläufer unsauber abgegrenzter Ohrenrand; leichte Durchsetzung des Ohrenrands mit andersfarbigen Haaren. Et-

was aufgehellte Augen- oder Krallenfarbe. Etwas schmale, breite, verschwommene oder blasse Zwischenfarbe. Blasse oder durchsetzte Unterfarbe; am Haarboden aufgehellte Unterfarbe. Bauchunterfarbe nur im Brust- und Schoßbereich. Schwache oder fehlende Unterfarbe im Bereich des Afters und an den Innenseiten der Hinterläufe. S. F.: Stark mit weißen Haaren durchsetzte Deckfarbe, sichtbar weißer Fleck oder Büschel in der Deckfarbe; stark andersfarbige, lohfarbige oder braune Bauchdeckfarbe, Blumenunterseite oder Innenseite der Läufe. Gänzlich weiße Binden an den Vorderläufen. Stark weiß durchsetzter Ohrenrand oder sichtbar weißer Büschel oder Fleck im Ohrenrand. Völlig schwarze Blumenoberseite. Gänzlich fehlender Genickkeil. Andere als braune Augenfarbe, zweierlei oder pigmentlose Krallen. Gänzlich fehlende Zwischenfarbe. Stark weiß durchsetzte Unterfarbe. Völliges Fehlen der Bauchunterfarbe.

Hasengrau: Deckfarbe und Schattierung: Die Deckfarbe ist ein helleres Graubraun mit etwas schwächerer Schattierung, die die Decke gleichmäßiger erscheinen lässt; sie soll an den Seiten möglichst weit nach unten reichen. Brust und Läufe haben kaum Schattierung. Die Wildfarbigkeitsabzeichen sind deutlich ausgeprägt: Der Genickkeil ist bräunlich und etwas größer als bei Wildgrau. Die Einfassung der Nase und der Augen ist weiß bis cremefarbig; die Kinnbackeneinfassung ist ebenfalls weiß bis cremefarbig und geht in die graubraune Farbtönung über. Der Ohrenrand ist schwarz, etwas schmaler als bei Wildgrau, aber sauber abgegrenzt. Die Blumenoberseite ist ebenfalls etwas heller und intensiv gesprenkelt. Die Deckfarbe am Bauch ist weiß bis cremefarbig; auf beiden Seiten zeigt sich je ein gelb- bis rostbrauner Schoßfleck. Die Deckfarbe an der Unterseite der Blume und an den Innenseiten der Vorder- und Hinterläufe ist ebenfalls weiß bis cremefarbig. Die Augenfarbe ist braun. Die Krallenfarbe ist dunkel (dunkelhornfarbig bis schwarz). Zwischenfarbe: Die Zwischenfarbe ist nur auf dem Rücken, an der Brust und an den Körperseiten vorhanden. Sie ist intensiv rostbraunrot, möglichst scharf abgegrenzt und ca. 5–7 mm breit. Unterfarbe: Die Unterfarbe ist bläulich und erstreckt sich über den gesamten Körper; sie reicht bis zum Haarboden; bei älteren Häsinnen kann die vordere Hälfte des Bauches etwas blasser sein. Die Unterfarbe an der Blumenunterseite bleibt unberücksichtigt. L. F.: Leicht aufgehellte Flanken oder Schenkel; unrein vermischte Farben; ungleichmäßige Schattierung der Decke; leichte Durchsetzung der Deckfarbe mit weißen Haaren; etwas andersfarbige, leicht lohfarbig angedeutete Bauchdeckfarbe, Blumenunterseite oder Innenseite der Läufe. Helle Bindenansätze; schwach gesprenkelte Blumenoberseite. Heller, schwacher Ohrenrand; durch Ein- oder Ausläufer unsauber abgegrenzter Ohrenrand; leichte Durchsetzung des Ohrenrands mit andersfarbigen Haaren. Etwas aufgehellte Augen- oder Krallenfarbe. Etwas schmalere oder breitere, etwas verschwommene oder blasse Zwischenfarbe. Blasse oder durchsetzte Unterfarbe; am Haarboden aufgehellte Unterfarbe. Bauchunterfarbe nur im Brust- und Schoßbereich. Schwache oder fehlende Unterfarbe im Bereich des Afters und an den Innenseiten der Hinterläufe. S. F.: Stark mit weißen Haaren durchsetzte Deckfarbe, sichtbar weißer Fleck oder Büschel in der Deckfarbe; stark andersfarbige, gänzlich lohfarbig braune Bauchdeckfarbe, Blumenunterseite oder Innenseite der Läufe. Gänzlich weiße Binden an den Vorderläufen. Stark weiß durchsetzter Ohrenrand oder sichtbar weißer Büschel oder Fleck im Ohrenrand. Völlig schwarze Blumenoberseite. Fehlender Genickkeil. Andere als braune Augenfarbe, zweierlei oder pigmentlose Krallen. Gänzlich fehlende Zwischenfarbe. Stark weiß durchsetzte Unterfarbe. Völliges Fehlen der Bauchunterfarbe.

Hasenfarbig: Deckfarbe und Schattierung: Die Deckfarbe ist kräftig rotbraun leuchtend und mit einer flockigen Schattierung versehen, die durch bündelartig zusammenstehende schwarze Grannenhaare gebildet wird. Sie tritt besonders auf dem Rücken stark in Erscheinung, bedeckt die Schenkel und Hinterläufe und reicht ohne sonderliche Aufhellung über die Flanken bis zum Beginn der Bauchdeckfarbe herab. Die Farbe von Brust und Vorderläufen soll mit der Deckfarbe übereinstimmen; sie ist jedoch nicht flockig schattiert. Der Nackenkeil ist intensiv lohfarbig. Die Einfassung der Nase und der Augen ist intensiv creme- bis lohfarbig, die der Kinnbacken intensiv lohfarbig. Die kräftig ausgeprägten Ohrenränder sind schwarz gefärbt und sauber abgegrenzt. Die Oberseite der Blume ist schwarz mit intensiver bräunlicher Sprenkelung. Die Deckfarbe am Bauch und an den Innenseiten der Vorder- und Hinterläufe ist lohfarbig; die Unterseite der Blume ist cremefarbig abgetönt. Die Augen sind dunkelbraun, die Krallen sind dunkelhornfarbig. Zwischenfarbe: Die Zwischenfarbe ist nur auf dem Rücken und an den Körperseiten ausgeprägt vorhanden. Sie ist leuchtend rost- bis braunrot, sauber von der Unterfarbe abgegrenzt und ca. 6–9 mm breit. Unterfarbe: Die Unterfarbe ist blau und mit etwa $^1/_3$ der Haarlänge nicht zu breit. Die Bauchunterfarbe braucht nur in Brust- und Schoßpartie vorhanden zu sein. Die Unterfarbe an der Blumenunterseite, im Bereich des Afters und an den Innenseiten der Hinterläufe bleibt unberücksichtigt. L. F.: Stark unreine, verwaschene Unterfarbe. Gänzlich fehlende blaue Unterfarbe im Brust- oder Schoßbereich. Etwas helle, nach graubraun oder etwas dunkle, nach schwarz tendierende Deckfarbe; etwas helle Seiten oder Schenkel; helle Hinterläufe; wenig Schattierung in der Deckfarbe; matte oder helle, cremefarbige Bauchdeckfarbe. Helle Bindenansätze; leichte Durchsetzung der Deckfarbe mit weißen Haaren. Schwach gesprenkelte Blumenoberseite. Helle Kinnbackeneinfassung. Schwach geränderte Ohren; durch Ein- oder Ausläufer unsauber abgegrenzter Ohrenrand; leichte Durchsetzung des Ohrenrands mit andersfarbigen Haaren. Matte Deckfarbe am Bauch und an den Innenseiten der Läufe. Weiße Unterseite der Blume. Etwas aufgehellte Krallenfarbe. Etwas matte oder etwas schmale Zwischenfarbe. Etwas helle oder durchsetzte Unterfarbe. Schwache blaue Unterfarbe im Brust- oder Schoßbereich. S. F.: Stark helle oder graue Seiten. Gänzliches Fehlen der Schattierung. Stark weiß durchsetzte Deckfarbe; sichtbar weißer Fleck oder Büschel in der Deckfarbe; stark aufgehellte, teilweise oder gänzlich weiße Bauchdeckfarbe. Gänzlich weiße Binden an den Vorderläufen. Fehlender Genickkeil. Andere als die vorgeschriebene Bauchdeckfarbe. Stark weiß durchsetzter Ohrenrand oder sichtbar weißer Büschel oder Fleck im Ohrenrand. Völlig schwarze Blumenoberseite. Andere als die dunkelbraune Augenfarbe, zweierlei oder pigmentlose Krallen. Gänzlich fehlende Zwischenfarbe.

Anmerkung: Diese Beschreibung der grauen Farben gilt analog auch bei folgenden Kaninchenrassen: Deutsche Widder, Englische Widder, Deutsche Kleinwidder, Holländer, Zwergwidder und Farbenzwerge; für Graue Wiener mit Einschränkung. Für den Zuchtgruppenwettbewerb auf Ausstellungen wurden folgende drei Farbengruppen festgelegt:

a) Eisengrau und Dunkelgrau, b) Wildgrau und Hasengrau,
c) Hasenfarbig

Bei der Anmeldung muss der exakte Farbenschlag angegeben werden. In Zuchtgruppen dürfen nur die Farben der entsprechenden Farbgruppe gemeinsam ausgestellt werden. Verteilung und Anzahl der einzelnen Farben der Farbgruppe innerhalb der Zuchtgruppe ist variabel.

Ferner sind bei den Deutschen Riesen folgende Farbenschläge anerkannt: Schwarz, Blau, Blaugrau, Chinchillafarbig und Gelb.

Die Farbe der schwarzen, blauen, blaugrauen, chinchillafarbigen und gelben DR entspricht den Bestimmungen der jeweiligen Rasse. Für Gelb ist die Deckfarbe des Kleinsilber, gelb, ohne Silberung maßgebend. S. F.: Weiße Abzeichen, auch völliges Fehlen der Bauchunterfarbe, starke Durchsetzung des Fellhaares mit weißen Haaren.

Allgemeines

Die Zucht von Riesenkaninchen erfordert genügend große Ställe. Die Buchten sollten daher wenigstens 120 × 80 × 60 cm groß sein und Luft und Morgensonne ausreichend Zutritt lassen. Für Häsinnen mit Jungen wird die Zwischenwand entfernt. Die Raufen seien hoch angebracht; dies fördert die hohe Stellung. Außenstallungen sind Innenstallungen vorzuziehen. Bevorzugt betrieben, wegen der doch relativ langen Wachstumsphase bis zum Erreichen des Vollgewichts, aber auch zur Ausprägung kräftiger Rammlerköpfe, wird bei der Rasse noch die Winterzucht. Gute, frohwüchsige Tiere der Rasse sind jedoch auch in der Lage, mit 7 bis 8 Monaten auf Ausstellungen passable Ergebnisse zu erreichen. Solche Tiere sollten natürlich auch bevorzugt in die Zucht gelangen.

1,0 Deutsche Riesen, weiß (Zgm. Landwehr, Nordhorn). *Foto: B & S Fotostudio*

Deutsche Riesen, weiß (DR weiß)

Zuchtziel

Ein großes, dichtes weißes Fell hat von jeher das Interesse der Kürschner geweckt, weil es sich zu allen Veredelungen eignet. Die Deutsche Landwirtschafts-Gesellschaft hatte deshalb die Weißen Riesen bereits 1930 als Wirtschaftsrasse anerkannt, und selbst noch 1970, zu einer Zeit stark veränderter Haltungsbedingungen, wurden anlässlich der ersten Europaschau in Stuttgart nahezu 300 Exemplare der Rasse vorgestellt. Bei dieser Rasse finden wir regelmäßig kürzere und griffigere Felle als bei den grauen Vettern. Allerdings sind die Köpfe leider oft noch deutlich schwächer als bei den Grauen.

Geschichtliches

Das weiße Riesenkaninchen ist eine rein deutsche Züchtung und war in den Jahren 1904/05 teils zufällig, teils züchterisch gewollt, entstanden.

Als Albino ist der weiße Farbenschlag immer etwas kleiner als der graue und war deshalb diesem gegenüber meist im Nachteil. Dies änderte sich erst, als das Gewicht der Tiere leicht reduziert wurde und die Rasse seither nach eigenen Bewertungsrichtlinien bewertet wird.

Körperform, Typ, Bau, Stellung, Fellhaar

Das Mindestgewicht beträgt 5 kg, das Normalgewicht beträgt über 6,5 kg, nach oben existiert keine Gewichtsgrenze.
In Bezug auf Körperform, Typ, Bau, Stellung und Fellhaar entsprechen die Deutschen Riesen in Weiß den farbigen Deutschen Riesen.

Farbe

Das Fellhaar ist am gesamten Körper rein weiß. Die Augen sind blassrot, die Krallen farblos. L. F.: Leichte Farbabweichungen wie gelber oder grauer Anflug, gelber Kopf oder graue Halskrause. S. F: Stark verschmutzte, unreine Farbe.

Allgemeines

Eine erfolgreiche Zucht Weißer Riesen ist nur in großen, luftigen Außenställen möglich. Die Stallböden müssen unbedingt dicht sein, da sonst die Farbe leidet. Die Zucht bietet farblich keine Schwierigkeiten, da die Paarung von Albinos nur Albinos erwarten lässt. Die sonst bei weißen Tieren empfehlenswerte Haltung auf Drahtrosten ist bei den DR weiß nur bedingt geeignet, weil das hohe Gewicht der Tiere natürlich auch die Sohlen belastet. Deshalb sollte, bevor die ganze Zuchtanlage mit Drahtrosten ausgestattet wird, überprüft werden, ob sie darauf keine offenen Läufe bekommen. Holz- und Kunststoffroste, wie sie früher z. T. empfohlen wurden, sind zwar wegen der größeren Laufauflagefläche möglicherweise tiergerechter, jedoch abzulehnen, weil hierauf sich die Tiere regelmäßig stark verschmutzen. Besser ist dann schon eine dicke Einstreu mit Weizen- oder Roggenstroh (kein Haferstroh, dieses färbt ab).

0,1 Deutsche Riesenschecken, schwarz-weiß (K.-P. Michel, B. Gladbach). Foto: Wolters

Deutsche Riesenschecken (DRSch)

Zuchtziel

Zuchtziel ist eine großrassige Schecke von der Größe des DR mit einem bestimmten Zeichnungsbild. Zugeständnisse bezüglich des Gewichtes werden dabei insofern gemacht, als das Mindestgewicht auf 5,0 kg und das Normalgewicht auf über 6,0 kg festgelegt wurde.

Geschichtliches

Große, gescheckte Kaninchen gab es nachweislich zuerst in Frankreich: Sie waren dort als „Papillons" (Papillon = Schmetterling) bekannt. Doch auch in Belgien, Holland und Deutschland hat es von jeher Scheckenkaninchen gegeben; es sei nur an das blanknasige Deutsche Landkaninchen erinnert, das sich lange im Rheinland halten konnte. Die Rasse ging aus der Kreuzung von Schmetterlingskaninchen und DR hervor. Namentlich deutsche Züchter waren es, die Gewicht und Größe verbesserten. 1908 wurde die Rasse anerkannt. Heute finden wir auf allen Großschauen Tiere, die auch formlich beachtliche Qualität zeigen. Eine Unsitte jedoch ist zum Teil das übertriebene Schaufertigmachen der Tiere. Hier sollten die Züchter sich ein wenig zurücknehmen, um nicht dem Vorwurf des Betruges und der Tierquälerei ausgesetzt zu sein.

Körperform, Typ, Bau, Stellung, Fellhaar

Gewicht:	Mindestgewicht 5 kg, Normalgewicht 6 kg und mehr, kein Höchstgewicht.
Größe:	Die Körperlänge beträgt etwa 68 cm und darüber. L. F.: Abweichungen in der Größe vom Voll- bis zum verlangten Mindestgewicht sowie von der Normal- bis zur Mindestlänge von 64 cm. S. F: Zu leichte und zu kleine Tiere unter 64 cm.
Form, Stellung:	Sinngemäß gelten die gleichen Forderungen wie an den DR. Der Knochenbau ist etwas feiner; die hohe Stellung muss deutlich in Erscheinung treten.
Kopf:	Groß und breit mit vollen, starken Backen.
Ohren:	Sie sollen mit etwa $1/4$ der Körperlänge der Größe des Tieres entsprechen und sehr kräftig, voll behaart, sehr gut aufgesetzt sein und straff aufgerichtet getragen werden. S. F: Ohren unter 15 cm.
Rumpf:	Groß, kräftig, stark bemuskelt, $1/3$ der Körperlänge breit und tief, von der Brust bis zur breiten, gut gerundeten Hinterpartie durchgehend gleichmäßig breit. L. F.: Kinnknoten beim Rammler.
Rücken:	Lang, gut gewölbt, gefüllt, Rückenlinie eben, Hinterpartie gut gerundet.
Brust:	Breit und gut entwickelt.
Läufe:	Stark, breit gestellt, hohe Stellung der geraden Vorderläufe, Hinterläufe parallel zum Körper.
Fellhaar:	Mit ca. 4 cm mittellang, Unterwolle dicht, Begrannung gut und gleichmäßig. Je kürzer und feiner begrannt das Fellhaar der Tiere ist, desto besser kommen die Übergänge zwischen der weißen Grundfarbe und der Zeichnungsfarbe zur Geltung.
Häsin:	Sie soll dem Geschlechtscharakter entsprechend feiner gebaut sein und einen schnittigeren Kopf besitzen. Zuchtziel ist Wammenfreiheit. L. F.: Etwas große Wamme.

Farbe und Zeichnung

Farbenschläge Schwarz-Weiß, Blau-Weiß, Havannafarbig-Weiß.
Die Grundfarbe der Deck- und Unterfarbe ist weiß. Die Zeichnungsfarbe muss rein und darf nicht von andersfarbigen Haaren durchsetzt sein. Die Krallen sind bei allen Farbenschlägen farblos. Die Augen sind bei den schwarz-weißen und havannafarbig-weißen Tieren braun, bei den blau-weißen Tieren blaugrau. L. F.: Grundfarbe mit gelblichem Anflug, unreine oder mit weißen Haaren leicht durchsetzte Zeichnungsfarbe und Ohrenränder. S. F: Mit weißen Haaren durchsetzte, stark unreine Zeichnungsfarbe.
Man unterscheidet Kopfzeichnung und Rumpfzeichnung. Die Kopfzeichnung besteht aus dem Schmetterling, den Augenringen, den Backenpunkten und der Ohrenzeichnung; die Rumpfzeichnung wird gebildet vom Aalstrich und der Seitenzeichnung.
Der Schmetterling sei gut ausgeprägt, das heißt, er soll wie mit vollen Flügeln beidseitig sich bogenförmig bis über die Mundwinkel erstrecken und den Unterkiefer seitlich schmal einfassen. Auf der Mitte des Nasenrückens befindet sich, leicht gerundet, der Dorn. L. F.: Gezackter Schmetterling, unschöner, etwas schiefer Dorn, fleischfarbener Lippenspalt, schwache seitliche Unterkiefereinfassung. S. F.: Unvollständiger Schmetterling, fehlender Dorn, große Zacken in den Schmetterlingsflügeln, gänzlich fehlende seitliche Unterkiefereinfassung, am Unterkiefer geschlossener Schmetterling, weiße Nasenspitze, weißer Lippenspalt, weiße Flecken im Schmetterling.
Die Augenringe sind möglichst geschlossen und gleichmäßig breit. L. F.: Ungleichmäßige, grobe Augenringe. S. F.: Nicht geschlossener Augenring, Zusammenhängen von Augenringen mit dem Schmetterling oder der Ohrenzeichnung, weiße Flecken im Augenring.
Die Backenpunkte sollen sich frei unter den Augenringen befinden, ihre Form sei rund oder oval. S. F.: Ein- oder beidseitig anhängender Backenpunkt, Fehlen eines oder beider Backenpunkte, ein- oder beidseitig doppelter Backenpunkt.
Der Ohrenansatz hat an der Wurzel scharf abgegrenzt zu sein. L. F.: Unreiner Ohrenansatz, unreiner Kopf (Spritzer). S. F.: Größere Flecken in der Ohrenfarbe.
Der Aalstrich zieht sich wie ein Pinselstrich scharf begrenzt und etwa 3 cm gleichmäßig breit vom Genick bis zur Blumenspitze über den Rückenfirst hinweg. L. F.: Gezackter oder ungleichmäßiger Aalstrich, breiter oder schmaler Aalstrich, Unterbrechung des Aalstrichs vom Genick bis zu den Schulterblättern bzw. vom Ansatz der Blume bis zur hochgelegten Blumenspitze. S. F.: Unterbrechung des Aalstriches zwischen den Schulterblättern und der hochgelegten Blumenspitze.
Die Seitenzeichnung wird gebildet von nicht zu großen, frei stehenden Flecken (Durchmesser etwa 3 cm). Auf jeder Körperseite gelten etwa

6–8 Seitenflecken als ideal. Sie sollten möglichst gleichmäßig verteilt sein. Bei der Bewertung werden nicht berücksichtigt etwa vorhandene Flecken an Brust, Bauch, Läufen und Unterseite der Blume. L. F.: Am Aalstrich leicht anhängende Seitenzeichnung, schwache, volle oder ungleichmäßige Seitenzeichnung, Anlage zur Kettenzeichnung (ein ein- oder beidseitig am Körper frei stehender Kettenpunkt); Genickpunkte, die vom Aalstrich weniger als 2 cm entfernt sind, gelten nicht als Kettenpunkte; kleine weiße Flecken in den Seitenzeichnungsflecken. S. F.: Stark zusammenhängende Seitenzeichnung mit dem Aalstrich, Sattel- oder Mantelzeichnung, mehr als ein frei stehender Kettenpunkt auf einer Seite, weniger als 3 Seitenflecken auf einer Seite.

Allgemeines

Der Reiz, den diese Rasse ausübt, liegt in der Schwierigkeit der Zucht. Wohl kein Kaninchenzüchter sieht dem Wurftag so erwartungsvoll entgegen wie der Scheckenzüchter, denn er erkennt schon am ersten Tag die Qualität des Wurfes. Alle Scheckenrassen sind spalterbig. Aus ideal gezeichneten Tieren können schwach gezeichnete oder einfarbige Tiere fallen. Neben der Zeichnung muss züchterisch großer Wert auf die weitere Verbesserung der Formen und Felle gelegt werden. Nur qualitativ gute, dichte und ausgehaarte Felle eignen sich bei entsprechender Zeichnung auch zur Verarbeitung zu hochwertigen Produkten.

1,0 Deutsche Widder, grau (A. Dittmann, Bremervörde). *Foto: B & S Fotostudio*

Deutsche Widder (DW)

Zuchtziel

Der DW wirkt urwüchsig, wuchtig, ohne dabei plump zu erscheinen. Er zeigt einen breiten, voluminösen, gut abgerundeten Körper und einen wuchtigen, starken Kopf mit kräftig gebogener „Ramsnase" und Hängeohren. Ramskopf und Hängeohren, die an Bergschafe erinnern, trugen der Rasse ihren Namen ein. Viele könnten etwas schwerer sein. Bei einer großen Rasse ohne Gewichtsbegrenzung sollte man von überjährigen Tieren doch schon rund 7 kg erwarten dürfen. Bei den grauen Widdern sollte mehr Wert auf Farbreinheit gelegt werden, auch wenn der Standard es ermöglicht, Tiere aus zwei grauen Farbenschlägen in einer Zuchtgruppe auszustellen.

Geschichtliches

Hängeohren sind eine mutative Domestikationserscheinung. Hängeohrige Kaninchen sind seit langem in Frankreich und England bekannt, in England wurden sie 1810 zum ersten Mal beschrieben. Der

Tübinger Züchter Wörner hatte 1869 die ersten Tiere aus Avignon eingeführt. Nach einer Periode von Fehlschlägen durch die Einkreuzung von Riesenkaninchen damaligen Typs erhielt die Rasse durch deutsche Züchter ihr heutiges Exterieur, aus dem Französischen Widder wurde 1933 der Deutsche Widder, ein Prachtexemplar unter den Kaninchenrassen. Heute finden wir ansprechende Tiere auf allen Großschauen. Insbesondere auch die anderen Farbenschläge neben den Grauen und die Schecken gewinnen immer mehr Freunde.

Körperform, Typ, Bau, Stellung, Fellhaar

Gewicht:	4,5–5,5 kg und mehr, Vollgewicht über 5,5 kg.
Form, Stellung:	Der Körper zeichnet sich aus durch eine imposante, formschöne Massigkeit. Die Läufe sind kurz, kräftig und breit gestellt und geben dem Körper eine eher niedrige Stellung. L. F.: Gestreckter Körper. S. F.: Ausgeprägte Körperform des DR, völlig fehlender Widdertyp.
Kopf:	Groß, breit, wuchtig; extrem breit sei die Stirn- und Schnauzpartie, auffallend kräftig seien die Backen, der breite Nasenrücken soll deutlich widderartig gebogen sein. L. F.: Mangelhafte Kopfbildung.
Augen:	Die Augen sind groß, jedoch nicht tief liegend.
Behang:	Der Behang weist an den Ohrenansätzen stark ausgeprägte, dicht beisammenliegende Wülste (Kronen) auf und wird zu beiden Seiten des Kopfes hufeisenförmig, röhrenartig und mit der Schallöffnung nach innen getragen. Die Ohren sind fleischig und an den Enden gut abgerundet. Die Behanglänge beträgt 38–45 cm. Ideal ist der Behang, wenn er leicht nach vorne über das halbe Auge getragen wird. L. F.: Schwach ausgeprägte Kronen, schwache, dünne, zusammengeklappte, schlecht getragene Ohren. S. F.: Zeitweiliges Aufrechttragen eines oder beider Ohren, weniger als 38 cm und mehr als 45 cm Behanglänge.
Rumpf:	Gedrungen, breit und massig, keinesfalls plump wirkend. Nacken kurz und kräftig, der Hals tritt nicht in Erscheinung. L. F.: Hoch stehende Beckenknochen, leicht loses Brustfell.
Rücken:	Gedrungen, breit, ebenmäßig bemuskelt, Schultern breit und fest. Die Hinterpartie ist gut gerundet.
Blume:	Groß, breit, am Hinterkörper anschlagend aufrecht getragen.

Brust:	Sehr breit, stark bemuskelt mit fester Fellhaut.
Läufe:	Verhältnismäßig kurz und sehr kräftig, breit gestellt und gerade.
Fellhaar:	Ungewöhnlich dicht ist die Unterwolle, gut, gleichmäßig und nicht zu hart sei die Begrannung. Fellhaarlänge etwa 4 cm. L. F.: Etwas langes Fell, weiche Begrannung.
Häsin:	Der Körperbau ist nur wenig zierlicher als beim Rammler, ihr Kopf ist mehr oval, doch werden auch bei ihr die typischen Widder-Merkmale gefordert. Die Hinterpartie ist noch breiter.

Farbenschläge

Am verbreitetsten sind die Farbenschläge Wild-, Hasen-, Dunkel-, Eisengrau und Hasenfarbig; Weiß (Rot- und Blauaugen). Daneben sind alle anderen einfarbigen Farben, ausgenommen die Silberung, zugelassen, außerdem auch die Thüringerfarbe. Für die grauen Tiere gelten die bei den DR grau beschriebenen Forderungen, für alle anderen einfarbigen Tiere werden die Anforderungen an die Farbe der entsprechenden Rassen erhoben. L. F.: Farbfehler wie bei DR grau, bei den übrigen einfarbigen Rassen die Farbmängel dort. S. F.: Gänzlich schwarzer Kopf bei den dunkel- und eisengrauen Tieren, ferner sichtbar weiße Haarbüschel in der Deckfarbe.

Die Mantelzeichnung

Der Kopf einschließlich des Kronenbereichs und des Behangs ist überwiegend von der Zeichnungsfarbe erfasst. In der Mitte der Stirnpartie soll ein weißer Stirnfleck (Blesse) vorhanden sein. Ein etwas breiterer Stirnfleck, kleine Ausläufer am Stirnfleck und kleine weiße Spritzer im unmittelbaren Bereich des Stirnflecks bleiben unberücksichtigt. Die Kinnbackeneinfassung und die Unterlippe sollen weiß sein. Die gefärbte Unterlippe ist unerwünscht. Kleine weiße Einläufer im Schnauzbereich bleiben unberücksichtigt.

Der Rumpf wird von der Mantelzeichnung erfasst; sie ist frei von weißen Flecken und bedeckt gleichmäßig in Form eines durchgehenden Mantels den Rücken vom Genick bis zum Blumenansatz, die Flanken des Tieres und die Oberseite der Blume. Kleine weiße Flecken im Genick (sog. Ansatzpunkte) bis zum Ende der Schulterblätter sowie kleine weiße Flecken und Streifen im unmittelbaren Randbereich der Blume bis zur hochgelegten Blumenspitze bleiben unberücksichtigt; weiße Einläufer oder Flecken auf der Blumenoberseite sind unerwünscht. Weiße

Einläufer und Flecken an den Flanken und Schultern im Randbereich der Mantelzeichnung bleiben unberücksichtigt, wenn sie nicht zu weit in den Mantel hineinragen. Die Brust soll völlig weiß sein. Ebenso sollen die Vorderläufe im Vorderfußbereich, die Hinterläufe und die Blumenunterseite weiß sein. Der Bauch soll überwiegend weiß sein; einzelne Farbflecken am Bauch bleiben unberücksichtigt. Die Unterfarbe ist bei den gescheckten Tieren nur im Mantelbereich auf der Decke erforderlich. L. F.: Bezüglich der Farbe gelten die bei den Ursprungsrassen aufgeführten Bewertungskriterien: Weiße Flecken in der Krone. Kleine weiße Flecken im Augen-, Backen- und Schnauzbereich. Bis zu zwei weiße Flecken im Bereich des Stirnflecks. Fehlender Stirnfleck. Teilweise gefärbte Unterlippe. Etwas weit hochgehende Einläufer zwischen Schnauz- und Backenbereich. Grob zackige oder fehlende weiße Kinnbackeneinfassung. Ungleichmäßige Mantelzeichnung. Wenige Farbflecken auf der Brust. Farbflecken im Vorderfußbereich und an den Hinterläufen. Etwas weiter in den Mantel hineinragende weiße Einläufer und Flecken an den Flanken im Randbereich der Mantelzeichnung. Nicht völlig gefärbte Blumenoberseite; weiße Flecken an der Blumenoberseite oder farbige Flecken an der Blumenunterseite, überwiegend gefärbter Bauch. Leichte Durchsetzung der Zeichnungsfarbe mit weißen Haaren. Schwache, unreine oder aufgehellte Unterfarbe im Mantelbereich. S. F.: Bezüglich der Farbe gelten die bei den Ursprungsrassen aufgeführten Farbmängel: Gänzlich einfarbiger Kopf. Starkes Vorherrschen von Weiß am Kopf; mehr als zwei weiße Flecken im Bereich des Stirnflecks. Gänzlich gefärbte Unterlippe. Weiße Flecken im Behang, außer im Bereich der Krone. Nasenfleck. Stark einseitige oder unvollständige, nicht zusammenhängende Mantelzeichnung. Weiße Flecken in der geschlossenen Mantelzeichnung und stark in die Mantelzeichnung hineinragende Einläufer. Starke Durchsetzung der Brust mit Zeichnungsflecken. Völlig weiße Blumenoberseite oder völlig mit der Zeichnungsfarbe bedeckte Blumenunterseite. Gänzlich mit Zeichnungsfarbe bedeckter Vorder- und/oder Hinterlauf. Starke Durchsetzung der Zeichnungsfarbe mit weißen Haaren. Starke Abweichungen in der Unterfarbe bezüglich der Anforderungen des Farbenschlags. Andere als die geforderte Augenfarbe, farbige Krallen.

Allgemeines

Der DW verkörpert den Nutztyp in vollendeter Form. Die Jungen sind in den ersten Wochen stehohrig. Die Ohren fallen in der warmen Jahreszeit meist in der 5. Woche, nicht selten aber erst in der 8. Woche und später. Meist sind bei jenen Jungtieren die schönsten Kronen zu erwarten, die die Ohren am längsten aufrecht tragen. Nachhilfe durch den Züchter ist erst dann angebracht, wenn beide Ohren sich auf die Seite legen. Je schwerer die Zuchttiere sind, desto einfacher ist es auch, die Jungtiere auf Gewicht zu bringen. Einfarbige Tiere aus Scheckenwürfen müssen zwar tätowiert werden und dürfen auch zur Zucht benutzt werden, dürfen jedoch seit 1995 nicht mehr ausgestellt werden.

Abteilung II – Mittelgroße Rassen

1,0 Meißner Widder, schwarz (H. Frahling, Emsdetten). *Foto: Wolters*

Meißner Widder (MW)

Zuchtziel

Der Meißner Widder vereinigt die Merkmale des Widders und des Silberkaninchens. Die gesilberten schwarzen Tiere wurden zuerst erzüchtet und waren in ihrem Typ auch die besten. Später kamen noch andere Farbenschläge hinzu; sie haben sich aber über ihr Entstehungsgebiet nicht verbreitet. Dem MW fehlt es vor allen Dingen noch an der Form, denn eine konstant vererbende Durchzüchtung des Widdertyps ist bei der seltenen Rasse zurzeit nicht überall gegeben.

Geschichtliches

Herausgezüchtet wurde die Rasse um die Jahrhundertwende durch Leo Reck, Meißen, der sich um sie auch später sehr verdient gemacht hatte. Reck zeigte seine Neuzüchtung 1906 zum ersten Mal der Öffentlichkeit. Die Rasse ist selten und lässt auch in der Qualität noch große Wünsche offen. Insbesondere die Gleichmäßigkeit der Silberung bereitet noch große Schwierigkeiten.

Körperform, Typ, Bau, Stellung, Fellhaar

Gewicht:	3,5–4,5 kg, Vollgewicht 4,5 kg und mehr, Höchstgewicht 5,5 kg.
Form, Stellung:	Erscheint weniger gedrungen und massig als beim DW, doch sind Brust und Hinterpartie ebenfalls breit, die Stellung ist mittelhoch. S. F.: Gänzliches Fehlen des Widdertyps.
Kopf:	Widderartig, wenn auch nicht ausgeprägt wie beim DW; Nasenrücken schön ramsig gebogen, kräftige Form, Stirn- und Schnauzpartie breit. L. F: Mangelhafte Kopfbildung.
Ohren:	Der Behang hat eine Länge von 38 bis 42 cm und ist als Folge der geringeren Größe des Tieres etwas leichter als beim DW. Die Ohrmuscheln sind gut angesetzt und zu beiden Seiten des Kopfes röhrenartig voll; sie werden hohl getragen. Die Schallöffnung sei zum Kopf gerichtet. L. F.: Schlecht getragene Ohren, leichter, schwacher Behang. S. F: Schlechte Behangbildung, waagerecht oder teilweise aufrecht getragene Ohren.
Rumpf:	Leicht gestreckt, walzenförmig, bemuskelt.
Rücken:	Geht in guter Wölbung in die schön gerundete Hinterpartie über.
Läufe:	Kräftig, breit stehend, Vorderläufe gerade aufgesetzt.
Fellhaar:	Haarlänge etwa 3 cm, Unterwolle dicht, Begrannung gut und gleichmäßig.
Häsin:	Der schnittigere Kopf manifestiert den Geschlechtscharakter. Bei älteren Häsinnen ist eine kleine, ebenmäßig geformte Wamme nicht fehlerhaft.

Farbe und Silberung

Zugelassen sind die Farbenschläge Schwarz, Blau, Gelb, Braun und Havannafarbig.

Die Deckfarbe sei am gesamten Körper, möglichst auch am Kopf, an Ohren und Läufen, gleichmäßig gesilbert und reichlich glänzend. Bezüglich der Silberung und Schattierung sind die Bestimmungen der Kleinsilber anzuwenden. Ebenso bei der Unterfarbe. L. F. und S. F.: Für die Abweichung in der Farbe und Silberung (völlig dunkler Kopf ohne jede Silberung ist schwer fehlerhaft) sind sinngemäß die Fehler der Deutschen Großsilber heranzuziehen.

Allgemeines

Die Durchsilberung der Jungtiere erfolgt etwas rascher als bei den anderen Silberkaninchen, ein Vorzug, der eine frühere Auslese gestattet. Ein lebhafteres Temperament als beim DW deutet noch heute auf die Abstammung der Rasse vom Kleinsilber hin. Bei der Zusammenstellung der Zuchtpaare wolle man besonderen Wert auf einen besseren Widdertyp und auf ein etwas längeres Fell legen. Eine Empfehlung an die Widderzüchter-Klubs: Die Meißner Widder fördern!

1,0 Helle Großsilber (R. Inglis, Mönchengladbach). *Foto: B & S Fotostudio*

Helle Großsilber (HGrS)

Zuchtziel

Ein mittelgroßes, schnellwüchsiges, robustes Kaninchen mit sehr gutem Fleischansatz. Helle Großsilber gehören nach wie vor zu den beliebtesten Kaninchenrassen. Zwar haben sie den Nimbus der Leistungsrasse insbesondere wegen ihrer Lebhaftigkeit eingebüßt, das konnte jedoch ihre Beliebtheit keineswegs mindern. Hauptzuchtziel ist eine schöne mittlere Farbe, gleichmäßig am ganzen Körper, in Verbindung mit einer harmonischen Walzenform.

Geschichtliches

Die Heimat der Rasse ist Frankreich, wo sie als „Champagne-Silber" bis ins 18. Jahrhundert zurückverfolgt werden kann. Sie ist eine sehr alte Rasse und auf die bewusste Anhäufung der Silberungsfaktoren aus modischen Avancen zurückzuführen. 1911 wurden die ersten Tiere in Deutschland eingeführt. Bis 1938 nannte man die Rasse bei uns „Französisches Silber", danach „Helles Großsilber". Während des Dritten

Reiches stellte sie die am meisten gezüchtete und gehaltene Vereinsrasse. Heute ist sie eine gut verbreitete, durchgezüchtete Rasse von großer Beliebtheit. In den letzten Jahren zeigt sie beachtliche Qualitätssteigerungen in „Kopf und Ohr“. Sorgenkind ist oft die Unterfarbe, die bei sehr vielen Tieren mehr oder weniger mit weißen Haaren durchsetzt ist und die mit zunehmendem Alter sehr schnell aufhellt.

Körperform, Typ, Bau, Stellung, Fellhaar

Gewicht:	3,5–4,5 kg, Normalgewicht über 4,5 kg, Höchstgewicht 5,5 kg.
Form, Stellung:	Der Körper ist gedrungen, kompakt und tief gestellt; er darf keinesfalls plump erscheinen.
Kopf:	Markant entwickelt, breit die Stirn, voll die Backen, Nasenrücken leicht gewölbt.
Ohren:	Kräftig aufgesetzt, straff aufgerichtet, fleischig und gut behaart, Enden löffelartig abgerundet, in der Länge harmonisch zur Körpergröße passend.
Rumpf:	Walzenförmig, vorne und hinten gleich breit, Schultern fest und gut bemuskelt, volle Hinterpartie gut abgerundet; kräftiger, kaum wahrnehmbarer Nacken.
Blume:	In der Verlängerung des Rückens gerade angesetzt, eng anliegend.
Rücken:	Leicht gewölbt, breit.
Brust:	Breit, voll, feste Fellhaut.
Läufe:	Kräftig, mittellang und breit gestellt.
Fellhaar:	Mittellang, Unterwolle dicht, Begrannung gut und gleichmäßig.
Häsin:	Kopf nur wenig zierlicher als beim Rammler; bei älteren Häsinnen ist eine kleine, ebenmäßige, gut geformte Wamme zugelassen.

Silberung, Stich, Deckfarbe, Gleichmäßigkeit und Unterfarbe

Die Deckfarbe erscheint bläulich weiß, silberartig. Die helle Deckfarbe wird am gesamten Körper von schwarzen, glänzenden Grannenhaaren, den so genannten Stichhaaren, um zirka 1 cm überragt. Silberung und Stich sollen gleichmäßig am ganzen Körper vorhanden sein. Die Silberung sollte außerdem auch an Kopf, Ohren und Läufen gleichmäßig vorhanden sein. Eine dunklere Nuance der Schnauze ist zulässig. Die

Unterfarbe ist dunkelblau, ohne Durchsetzung mit durchgehenden weißen Haaren. Bei älteren Tieren wird sie blasser; was jedoch bei der Bewertung berücksichtigt werden muss. Die Augen sind braun, die Krallen schwarzbraun. L. F.: Etwas helle oder dunkle Silberung, schwacher Stich. Dunkler Kopf, Ohren, Läufe und Blume. Durchsetzte Unterfarbe. S. F.: Sichtbare weiße Flecken in der Decke (besonders häufig im Bereich der Blume zu finden).

Allgemeines

Die Rasse wurde früher als Mastrasse propagiert. Der Mastfähigkeit jedoch setzt die besondere Lebhaftigkeit der Rasse, die ein frühes Einzelnsetzen der Jungtiere erfordert, deutliche Grenzen. Die Farbenzucht verlangt insofern Geduld, als man erst nach erfolgter Ausfärbung die Farbqualität der Tiere feststellen kann. Die Aussilberung ist mit etwa 6 Monaten beendet. Bereits kurze Zeit später beginnt die Entpigmentierung der Unterfarbe. Um richtig erfolgreich auszustellen, ist man also gezwungen, die Wurfzeit gezielt auf die Schauen zu planen.

0,1 Champagne-Silber (Willi Beuchat, Courroux CH). *Foto: Wolters*

Neuzüchtung: **Champagne-Silber (ChS)**

Zuchtziel

Ein mittelgroßes, schnellwüchsiges, robustes Kaninchen mit sehr gutem Fleischansatz. Farblich entspricht diese Neuzüchtung der Schweizer Zuchtrichtung des Champagne-Silberkaninchens.

Körperform, Typ, Bau, Stellung, Fellhaar

Gewicht:	3,5–4,5 kg, Normalgewicht über 4,5 kg, Höchstgewicht: 5,5 kg.
Form, Stellung:	Der Körper ist gedrungen, kompakt und relativ hoch gestellt mit entsprechender Bodenfreiheit; er darf keinesfalls plump erscheinen.
Kopf:	Markant entwickelt, breit die Stirn, voll die Backen, Nasenrücken leicht gewölbt.
Ohren:	Kräftig aufgesetzt, straff aufgerichtet, fleischig und gut behaart, Enden löffelartig abgerundet, in der Länge harmonisch zur Körpergröße passend.

Rumpf:	Walzenförmig, vorne und hinten gleich breit, Schultern fest und gut bemuskelt, volle Hinterpartie gut abgerundet; kräftiger, kaum wahrnehmbarer Nacken.
Blume:	In der Verlängerung des Rückens gerade angesetzt, eng anliegend.
Rücken:	Leicht gewölbt, breit.
Brust:	Breit, voll, feste Fellhaut.
Läufe:	Kräftig, mittellang und breit gestellt.
Fellhaar:	Mittellang, Unterwolle dicht, Begrannung gut und gleichmäßig.
Häsin:	Kopf nur wenig zierlicher als beim Rammler; bei älteren Häsinnen ist eine kleine, ebenmäßige, gut geformte Wamme zugelassen.

Silberung, Stich, Deckfarbe, Gleichmäßigkeit und Unterfarbe

Die Deckfarbe erscheint bläulich weiß, silberartig. Die helle Deckfarbe wird am gesamten Körper von schwarzen, glänzenden Grannenhaaren, den so genannten Stichhaaren, um zirka 1 cm überragt. Silberung und Stich sollen gleichmäßig am ganzen Körper vorhanden sein. Die Silberung sollte außerdem auch an Kopf, Ohren und Läufen gleichmäßig vorhanden sein. Die Ohren einschließlich der schwarzen Ohrenränder, die Augeneinfassungen, die Schnauzpartie, die Vorderfußglieder und die Blume sind weniger gesilbert und erscheinen daher schwärzlich. Die Unterfarbe ist dunkelblau, ohne Durchsetzung mit durchgehenden weißen Haaren. Bei älteren Tieren wird sie blasser; was jedoch bei der Bewertung berücksichtigt werden muss. Die Augen sind dunkelbraun, die Krallen schwarzbraun. L. F.: Etwas helle, fast weißliche Decke mit schwachem bläulichem Ton, etwas schwacher Stich. Dunkler Kopf, Ohren, Läufe und Blume. Durchsetzte Unterfarbe. S. F.: Fast weiß erscheinende Deckfarbe ohne den bläulichen Ton. Fehlender Stich an einzelnen Körperpartien. Sichtbare weiße Flecken in der Decke oder Unterfarbe (besonders häufig im Bereich der Blume zu finden).

Allgemeines

Bei den Champagne-Silbern handelt es sich um die Schweizer Zuchtrichtung, während die französische Zuchtrichtung den Hellen Großsilberkaninchen entspricht.

1,0 Großchinchilla (R. Flaitz, Haigerloch). *Foto: B & S Fotostudio*

Großchinchilla (GrCh)

Zuchtziel

Einer naturnahen Imitation des leuchtenden, seidenweichen, schiefergrau-blauen Fellhaares des echten Chinchillas sind bei einem Kaninchen Grenzen gesetzt. Hauptziel der Zucht ist heute Farbenreinzucht, nach den Fehlentwicklungen vergangener Jahrzehnte mit Nachdruck auch eine größere Einheitlichkeit in Form und Größe sowie ein insgesamt kompakterer Typ als noch vor einigen Jahren, als viele GrCh noch „zu klein geratenen Riesenkaninchen" ähnelten.

Geschichtliches

Chinchillakaninchen sind nicht durch Kreuzungen, sondern durch Mutation entstanden. Zum ersten Mal wurden einzelne Exemplare auf einer Pariser Ausstellung im Jahre 1913 durch Ing. Dybowski aus Nogant sur Marne ausgestellt. 1915 kamen diese Tiere nach England, wo Arren aus ihnen den großen Schlag erzüchtete. Von dort gelangten einige dieser Tiere durch Gustav Arlt aus Guben im Jahre 1920 über Holland nach Deutschland. Das Großchinchilla ist heute in allen Kaninchen züchtenden Ländern eine Standardrasse, bei uns eine Spitzenrasse.

Körperform, Typ, Bau, Stellung, Fellhaar

Gewicht:	3,5–4,5 kg, Normalgewicht über 4,5 kg, Höchstgewicht 5,5 kg.
Form, Stellung:	Der Körper ist leicht gestreckt, dabei walzenförmig und mittelhoch gestellt.
Kopf:	Kräftig, breit, Backen und Unterkieferpartie stark entwickelt, Nasenrücken leicht geramst.
Ohren:	Kräftig aufgesetzt, fleischig, gut behaart, an den Enden abgerundet, ca. 12–13 cm lang.
Rumpf:	Walzenförmig, breite Brust und gut gerundete Hinterpartie, voll, Schultern fest und gut entwickelt, breiter Nacken, kaum sichtbarer Hals.
Rücken:	Breit, Rückenlinie gerade, hinten gut gerundet.
Blume:	Gerade, angelegt.
Läufe:	Kräftig, mittellang, breit gestellt.
Fellhaar:	Etwa 3 cm lang, mit dichter Unterwolle und kräftiger, nicht zu harter Begrannung, sodass eine kräftige Schattierung ausgeprägt werden kann.
Häsin:	Körper etwas zierlicher, mit weniger Kinnbackenausprägung, Hinterpartie in der Regel noch breiter als beim Rammler. Bei älteren Häsinnen ist eine kleine, gut geformte Wamme gestattet; doch ist Wammenfreiheit Zuchtziel. L. F.: Größere Wamme.

Deckfarbe und Schattierung

Die Deckfarbe erscheint insgesamt als ein bläulich schimmerndes lichtes Aschgrau. Diese Farbwirkung wird verursacht durch weißschwarze Deckhaare. Über sie ragen rein schwarze Grannenhaare hervor, die büschelweise zusammenstehen, unregelmäßig über das ganze Fell verbreitet sind und so die flockige Schattierung, die auf dem Rücken am kräftigsten ausgeprägt ist, ergeben. Die Gesamtfarbe sei jedoch möglichst gleichmäßig, auch an Brust und Läufen, und soll an den Flanken möglichst weit nach unten reichen. Unter der Deckfarbe befindet sich ein 2–3 mm breiter schwärzlicher Streifen, das sog. „Kränzchen". Die Ohren sind schwarz gesäumt, der kleine Keil im Genick grauweiß;

die Oberseite der Blume ist oben schwarz, grauweiß schattiert, die Unterseite weißlich. Weißlich ist auch die Bauchdeckfarbe. Die Augen sind dunkelbraun, die Krallen sind schwarzbraun. L. F.: Etwas helle Brust und Vorderläufe, Binden an den Läufen, etwas helle Seiten und Flanken, bräunlicher Anflug an Kopf und Ohren, großer Keil, schwache Ohrenränder, gleichmäßige Schattierung, leichter Rostanflug. S. F.: Bräunlicher Ton in der Deckfarbe, gelber Keil, gänzlich helle Brust und Vorderläufe, völlig gleichmäßige oder silbrige Schattierung, starker Rost.

Zwischen- und Unterfarbe

Die etwa $1/2$ cm breite Zwischenfarbe ist weiß. Verlangt wird eine möglichst scharfe Abgrenzung zur Deck- und Unterfarbe; von ihr hängt die Schönheit des Felltrichters ab, der beim Hineinblasen ins Fell entsteht. L. F.: Schmale oder verschwommene Zwischenfarbe. S. F.: Bräunlicher Ton in der Zwischenfarbe, gänzliches Fehlen der Zwischenfarbe, zu breite Zwischenfarbe über 10 mm.

Die Unterfarbe ist, auch am Bauch, dunkelblau, beginnt unmittelbar am Haarboden und erfasst etwa $2/3$ der Haarlänge. Eine blaue Unterfarbe am Bauch sollte bei älteren Häsinnen wenigstens in der Brust- und Schoßpartie noch vorhanden sein. L. F.: Unreine, durchsetzte, helle Unterfarbe, bräunliche Unterfarbe am Bauch, helle oder weiße Bauchunterfarbe in der vorderen Bauchgegend. S. F.: Gänzlich weiße Bauchunterfarbe.

Allgemeines

Die Rasse zeichnet sich durch hohe Wirtschaftlichkeit aus. Neben guter Zunahmeleistung sind insbesondere auch die Mutterleistungen zu loben.

Die Zucht chinchillafarbiger Kaninchen ist nicht einfach, da oft Tiere mit guter Deckfarbe und Schattierung eine etwas dunkle Zwischenfarbe und Tiere mit hervorragender weißer Zwischenfarbe oft eine etwas zu gleichmäßige Schattierung zeigen.

Insbesondere auch bezüglich des Typs gibt's manchmal noch Probleme: So finden wir auch heute noch Tiere, die mehr oder weniger im Riesentyp stehen und nicht die gewünschte, leicht gestreckte Walzenform zeigen. Bei der Zucht der chinchillafarbigen Kaninchen sollte man solche Tiere bevorzugt einsetzen, die den Haarungsprozess schnell durchlaufen, denn auch deren Nachzucht wird sich länger in der Fellblüte präsentieren.

1,0 Mecklenburger Schecken, schwarz-weiß (W. Ackermann, Weißenstadt).
Foto: B & S Fotostudio

Mecklenburger Schecken (MSch)

Zuchtziel

Die Mecklenburger Schecke ist eine mittelgroße Mantelschecke mit aufrecht stehenden Ohren. Die Rasse hat ein interessantes Zeichnungsbild. Wie alle Scheckenrassen sind auch die Mecklenburger spalterbig bezüglich der Scheckungsanlage. Die Zeichnung selbst lässt sich züchterisch sehr wohl durch entsprechende Selektion in einem Zuchtstamm verbessern. Besonders bei gezielter Linienzucht mit gut gezeichneten Tieren ist bereits nach wenigen Generationen ein homogeneres Zeichnungsbild bei allen Tieren einer Zucht zu erreichen.

Geschichtliches

Der Zuchtfreund Rudolf Wulf aus Goldenbow gilt als Herauszüchter der Mecklenburger Schecke, die er aus Blauen Wienern, Alaska und gescheckten Deutschen Widdern erzüchtet hat. Er zeigte sie erstmals auf einer Bezirksausstellung in Wittenberge im Jahre 1980. Wulf hat sich auf die Farbe Schwarz-Weiß beschränkt, während der Zuchtfreund Günter Vetter aus Bautzen den rot-weißen Farbenschlag herauszüchtete. Die Rasse hat nach wenigen Jahren auch im Westen bereits eine Reihe von Freunden gefunden. Besonders nach rot-weißen Tieren ist die Nachfrage so groß, dass sie teilweise nicht gedeckt werden kann.

Körperform, Typ, Bau, Stellung, Fellhaar

Gewicht:	Das Normalgewicht ist 4,5 kg, das Mindestgewicht ist 3,5 kg, das Höchstgewicht ist 5,5 kg.
Form:	Der Körper ist gedrungen, walzenförmig, vorne und hinten gleich breit.
Kopf:	Der Kopf ist kurz und kräftig und sitzt dicht am Körper.
Ohren:	Die Ohren sind fleischig, in der Länge entsprechen sie der gedrungenen Körperform.
Rücken:	Breit und ebenmäßig, hinten gut gerundet.
Fellhaar:	Das Fellhaar ist mittellang, in der Unterwolle sehr dicht mit gleichmäßiger Begrannung.
Läufe:	Die Läufe sind kräftig und mittellang.
Wamme:	Bei älteren Häsinnen ist eine kleine, gut geformte Wamme zugelassen.

Zeichnung und Farbe

Die Mecklenburger Schecke hat eine Mantelzeichnung.
Der Kopf einschließlich des Ohrenansatzes und der Ohren ist überwiegend von der Zeichnungsfarbe erfasst. In der Mitte der Stirnpartie soll ein weißer Stirnfleck (Blesse) vorhanden sein. Ein etwas breiterer Stirnfleck, kleine Ausläufer am Stirnfleck und kleine weiße Spritzer im unmittelbaren Bereich des Stirnflecks bleiben unberücksichtigt. Die Kinnbackeneinfassung und die Unterlippe sollen weiß sein. Die gefärbte Unterlippe ist unerwünscht. Kleine weiße Einläufer im Schnauzbereich bleiben unberücksichtigt. Der Rumpf wird von der Mantelzeichnung erfasst; sie ist frei von weißen Flecken und bedeckt gleichmäßig in Form eines durchgehenden Mantels den Rücken vom Genick bis zum Blumenansatz, die Flanken des Tieres und die Oberseite der Blume. Kleine weiße Flecken im Genick (sog. Ansatzpunkte) bis zum Ende der Schulterblätter sowie kleine weiße Flecken und Streifen im unmittelbaren Randbereich der Blume bis zur hochgelegten Blumenspitze bleiben unberücksichtigt; weiße Einläufer oder Flecken auf der Blumenoberseite sind unerwünscht. Weiße Einläufer und Flecken an den Flanken und Schultern im Randbereich der Mantelzeichnung

bleiben unberücksichtigt, wenn sie nicht zu weit in den Mantel hineinragen. Die Brust soll völlig weiß sein. Ebenso sollen die Vorderläufe im Vorderfußbereich, die Hinterläufe und die Blumenunterseite weiß sein. Der Bauch soll überwiegend weiß sein; einzelne Farbflecken am Bauch bleiben unberücksichtigt.
Die Grundfarbe ist rein weiß. Zugelassen sind die Farbenschläge Schwarz-Weiß, Blau-Weiß und Rot-Weiß. Deck- und Unterfarbe der Zeichnung entsprechen farblich den einfarbigen Ausgangsrassen.

Allgemeines

Das Fell der Mecklenburger Schecke eignet sich in Natur gut für die Verarbeitung zu Fellgegenständen. Die Züchter der Mecklenburger Schecke rechnen damit, dass auch in Westdeutschland diese Rasse eine größere Zahl von Liebhabern gewinnen und auf den Schauen vertreten sein wird. Erste Anzeichen sprechen dafür, dass sich das auch bewahrheitet: So standen auf der 21. Bundeskaninchenschau in Essen fast 40 Tiere aus „Ost und West“.

Neuzüchtungen

Mecklenburger Schecken werden zurzeit in zwei weiteren Farbenschlägen als Neuzüchtung bearbeitet, als Thüringerfarbig-Weiße und als Wildgrau-/Hasengrau-Weiße. Für eine Anerkennung dieser Farbenschläge müssten die Tiere, die teilweise bereits eine recht ansprechende Qualität zeigen, von einer größeren Zahl von Züchtern bearbeitet und auch auf den Großschauen ausgestellt werden. Des Weiteren werden noch die Farbenschläge Dunkelgrau-Weiß und Eisengrau-Weiß als Neuzüchtung bearbeitet.

0,1 Englische Widder, thür. (R. Henninger, Mühlheim). *Foto: B & S Fotostudio*

Englische Widder (EW)

Zuchtziel

Die Zucht dieser Rasse erfordert viel Idealismus. Zur Erreichung der großen Ohrmuscheln genügen Zuchtauslese und Wärme; deshalb sollte man die Zucht möglichst in die warme Jahreszeit verlegen. Die Anwendung von Zwangsmitteln, wie vor wenigen Jahrzehnten empfohlen, ist Tierquälerei. Leider bestehen nicht nur bei Außenstehenden, sondern auch bei manchem Züchter Ressentiments gegen diese schöne Kaninchenrasse. So wurde ihr sogar Tierschutzrelevanz unterstellt und die Standardkommission sanft von den so genannten Tierschützern bewegt, die Behanglängen bei diesen Tieren zu reduzieren und den Typ den anderen, normalen Rassen anzugleichen. Das ist schade, denn mit dieser einzigartigen Rasse alter Prägung geht ein Kulturgut verloren.
Ich habe selbst einige Jahre Englische Widder alter Prägung im Stall gehabt, die teilweise Behanglängen bis 72 cm und Behangbreiten bis 16,5 cm brachten. Nie habe ich feststellen können, dass eines der Tiere unter seinen langen Ohrmuscheln litt. Nie hat sich ein Tier am Be-

hang verletzt. Gerade diese Rasse war besonders lebhaft, vital und zutraulich. Vielleicht hätten die Tierschutzbürokraten erst einmal jemanden fragen sollen, „der sich auskennt ... “

Geschichtliches

Die Rasse stammt aus England und ist ein naher Verwandter des DW. Die englischen Züchter selektierten gezielt auf Behanglänge und niedrige Stellung und schufen sich ihre Nationalrasse. Die ersten EW wurden 1853 nach Frankreich exportiert und dort mit großen, hängeohrigen Tieren gekreuzt. Paul Starke brachte die ersten Tiere aus England zu uns; um die Jahrhundertwende nahmen sie bereits die zweite Stelle unter den deutschen Kaninchenrassen ein. Doch ließ die anfängliche Begeisterung mehr und mehr zu wünschen übrig; 1939 befassten sich nur noch drei Züchter mit ihnen, der Continentale Englische Widder-Club hatte sich aufgelöst. Die Rasse ist bis heute eine Rarität geblieben. Die wenigen deutschen Züchter stellen auf den Bundesschauen regelmäßig Tiere sehr guter Qualität aus. Ihre Zusammenarbeit in einer Interessengemeinschaft wirkt sich positiv für die Rasse aus.

Körperform, Typ, Stellung, Fellhaar, Behang

Gewicht:	3,25–4,25 kg, Normalgewicht über 4,25 kg, Höchstgewicht 5,25 kg.
Form, Stellung:	Der EW ist im Vergleich zum DW feingliedriger und schlanker, jedoch dennoch gut bemuskelt. Die Läufe sind mittellang, kräftig und gerade aufgesetzt. Sie ergeben eine mittelhohe Stellung mit genügend Bodenfreiheit. L. F.: Etwas tief stehende Vorhand. S. F.: Stark tief stehende Vorhand ohne jegliche Bodenfreiheit.
Kopf:	Länglich, dennoch ein ausgesprochener Widderkopf: breit in der Stirn- und Schnauzpartie; der Nasenrücken, vor allem des Rammlers, ist deutlich geramst.
Rumpf:	Leicht gestreckt, feingliedrig mit breiter, möglichst gut gerundeter Hinterpartie.
Fellhaar:	Das Fellhaar ist etwas kürzer und leichter als beim DW: Anzustreben ist eine dichte Unterwolle und eine gleichmäßige Begrannung. Die Ohrmuscheln sind gut behaart.
Behang:	Die Beschaffenheit des Behanges wird in der Position 2 mitbewertet. Die stark vergrößerten und ver-

	längerten Ohrmuscheln sind an der Wurzel ohne Wulst nahezu glatt und schmal angesetzt, hängen, die Schallöffnung nach vorne gerichtet, schlaff am Körper herab. Sie sind am breitesten in der Mitte und am Ende gut abgerundet. Sie sind fleischig, im Gewebe kräftig und seien möglichst frei von Verunstaltungen und Verletzungen wie Wucherungen, Knoten, Rissen usw. L. F.: Dünne Ohren, geringe Knotenbildung, kleine Riss- oder Bisswunden, Abweichungen vom Normalmaß in der Behanglänge und -breite. S. F.: Stark zerrissene oder stark verknorpelte Ohrmuscheln, nach einer Seite getragener Behang.
Häsin:	Der Geschlechtscharakter muss deutlich in Erscheinung treten, eine kleine, gut geformte Wamme ist zulässig.

Behanglänge

Für die Behanglänge und Behangbreite beim Englischen Widder gelten nachfolgende Bestimmungen: Die Behanglänge beträgt 55 bis 60 cm. 59 bis 60 cm gelten als volles Maß. Die Behanglänge ist – wie folgt – zu beurteilen:

59 bis 60 cm	15,0 Punkte
58 bis 59 cm	14,5 Punkte
57 bis 58 cm	14,0 Punkte
56 bis 57 cm	13,5 Punkte
55 bis 56 cm	13,0 Punkte
54 bis 55 cm	12,5 Punkte

Höchstgrenze ist 60 cm, Untergrenze ist 54 cm. Die Behanglänge ist mit dem Zollstock über dem Kopf des Tieres von einer Spitze zur anderen zu messen. Dabei sind die Ohren leicht anzuziehen.

Behangbreite

Die Breite der Ohren wird in der Mitte des Behanges festgestellt. Gemessen wird die größte Breite ohne die Behaarung an den Ohrenrändern. Die Ohrenbreite beträgt zwischen 11 und 14 cm. 13,5 bis 14,0 cm gelten als volles Maß. Die Breite wird nach folgender Punkteskala bewertet:

13,5 bis 14,0 cm	15,0 Punkte
13,0 bis 13,5 cm	14,5 Punkte
12,5 bis 13,0 cm	14,0 Punkte
12,0 bis 12,5 cm	13,5 Punkte
11,5 bis 12,0 cm	13,0 Punkte
11,0 bis 11,5 cm	12,5 Punkte

Die Höchstgrenze ist 14,0 cm, die Untergrenze ist 11,0 cm

Farbe und Zeichnung

Für die Englischen Widder gelten die gleichen Bestimmungen wie für die Deutschen Widder.

Allgemeines

Für die Zucht der Rasse benötigt man vor allem große Stallungen. Deren Maße seien wenigstens: 1 m Breite, 80 cm Tiefe und 60 cm Höhe. Als Einstreu verwende man bestes Roggen- oder Weizenstroh. Bei Häsinnen mit Jungen ist eine tägliche Nachstreu notwendig. Die Qualität der Einstreu ist entscheidend, weil die Ohren ohne ausreichende Einstreu abkühlen und weniger wachsen. Der Behang hat bei etwa 5 Monate alten Tieren seine größte Länge erreicht.
Die Tiere sind, obwohl man annehmen dürfte, sie seien durch den langen Behang gehandikapt, sehr lebhaft. Um Verletzungen der Behänge zu verhindern, sollten ihnen bereits mit 8 Wochen die scharfen Spitzen der Krallen gekürzt werden. Die langen Behänge schränken die Tiere nicht in der Bewegung und im Wohlbefinden ein. Englische Widder sind eine unserer reizvollsten Kaninchenrassen.

1,0 Deutsche Großsilber, blau (A. Weigand, Wörth/Main). *Foto: B & S Fotostudio*

Deutsche Großsilber (DGrS)

Zuchtziel

Die Herauszüchter der Rasse hatten die Absicht, ein großes Silberkaninchen zu erzüchten, war ihnen doch die Fellgröße des Kleinsilberkaninchens nicht ausreichend. In der Qualität der Silberung reichen die meisten DGrS nicht an Spitzenzuchten der Kleinsilber heran. Am meisten verbreitet ist der schwarze Farbenschlag, sehr gut auch einige Zuchten der Blauen. Die beiden anderen Farbenschläge Havanna und Gelb hinken hinterher, sowohl in der Qualität der Tiere als auch in der Verbreitung. Recht ansprechend sind auch die 1994 anerkannten Braunen.

Geschichtliches

Das Deutsche Großsilber ist die großformatige Kopie des Kleinsilberkaninchens. Herauszüchter waren Detmolder Züchter; unter ihnen ist vor allem Georg Stein zu nennen. Als „Germaniasilber“ stellten sie

1911 ihre Tiere zum ersten Mal aus. Friedrich Nagel aus Neudietendorf kreuzte Blausilber mit Blauen Wienern und erhielt die „Deutschen Großsilber" – blaugesilberte Tiere mit einem Gewicht von 5 bis 6 kg, einer vorzüglichen Silberung und einem guten, halblangen Fell. Die Kreuzungen der Germaniasilber und der Deutschen Großsilber, die Einkreuzung von Hellen Großsilbern und französischen Silberkaninchen schufen ein unentwirrbares Rassengemisch. Noch in den 50er- und 60er-Jahren war die Körperform der Rasse wenig einheitlich, doch befinden sich die Züchter auf dem rechten Weg. Nach ihrer Anerkennung im Jahre 1994 im Standard hat sich der lange Weg der braunen DGrS als „Neuzüchtung" nun doch gelohnt.

Körperform, Typ, Bau, Stellung, Fellhaar

Gewicht:	3,25–4,25 kg, Normalgewicht über 4,25 kg, Höchstgewicht 5,25 kg.
Form, Stellung:	Mittelgroß, mittelhoch gestellt, etwas gestreckter als beim HGrS, weder zu lang noch zu gedrungen.
Kopf:	Markant, harmonisch, kräftig.
Ohren:	Kräftig, gut aufgesetzt, voll behaart, der Größe des Körpers entsprechend.
Rumpf:	Walzenförmig, Brust breit, Hinterpartie breit und gut gerundet, Hals kurz.
Rücken:	Kräftig, breit gerundet, Rückenlinie leicht gewölbt.
Läufe:	Mittellang, stark.
Fellhaar:	Fellhaar etwas kürzer als beim HGrS, doch immer noch mittellang, Begrannung kräftig und gleichmäßig, Unterwolle dicht.
Häsin:	Bei älteren Häsinnen ist eine kleine, gut geformte Wamme zulässig.

Silberung, Deckfarbe, Gleichmäßigkeit, Zwischen- und Unterfarbe

Anerkannt sind die Farben Schwarz, Blau, Gelb, Graubraun und Havannafarbig.

Der Silberungseffekt wird hervorgerufen durch die weiß gespitzten Grannenhaare, die möglichst gleichmäßig verteilt gewünscht werden, Kopf und Ohren eingeschlossen. Da die Deckfarbe mehr oder weniger stark überwiegt, ist die Schattierung dunkel. Zugelassen sind ein heller, mittlerer und dunkler Schlag, wobei dem mittleren der Vorzug zu geben ist.

Die Bauchfarbe ist matter. Die Augenfarbe ist bei den Schwarzen, Gelben, Graubraunen und Havannafarbigen braun, bei den Blauen blaugrau. Die Krallen sind bei den Schwarzen, Blauen, Graubraunen und Havannafarbigen dunkel, bei den Gelben hornfarbig. L. F.: Schwache oder flockige Silberung, etwas hellerer oder dunklerer Kopf; hellere oder dunklere Ohren, Brust, Läufe oder Blume, leichter Rost. S. F.: Gänzlich fehlende Silberung, zu helle Schattierung, ganz dunkler Kopf; völlig helle Brust und Läufe, starker Rost. Die Zwischenfarbe ist bei den Graubraunen leuchtend rotbraun.
Die Unterfarbe ist bei den Schwarzen, Graubraunen und Havannafarbigen mittelblau, bei den Blauen etwas heller, bei den Gelben kräftig gelb.
L. F.: Unreine und leicht durchsetzte Unterfarbe. S. F: Sehr starke Durchsetzung der Unterfarbe.
Im Übrigen gelten die gleichen Bestimmungen wie bei den Kleinsilbern.

Allgemeines

Die Rasse hat ihre Schwierigkeiten, die sich nicht so einfach ausräumen lassen. Es fängt bereits damit an, dass die Silberung nur so gut sein kann wie das Fellhaar, das sie trägt. Außerdem bereitet es offenbar bei den DGrS deutlich größere Schwierigkeiten als bei den Kleinsilbern, eine gleichmäßige Silberung auch an Kopf, Ohren, Läufen und Blume zu erzüchten. Es gibt hier also noch viel zu tun. Es fehlen nur noch einige Züchter mehr, die es anpacken.

1,0 Burgunder (A. Teichmann, Ravensburg-Oberzell). *Foto: B & S Fotostudio*

Burgunder (Bu)

Zuchtziel

Zuchtziel ist ein mittelgroßes, leicht gestrecktes Tier, das demgemäß auch etwas längere Ohren zeigt. Die Farbe ist gelbwildfarbig, deutlich heller als beim Roten Neuseeländer.

Geschichtliches

Diese schon seit 1914 in Frankreich anerkannte Kaninchenrasse von leichter gelblicher Farbtönung wurde in der französischen Provinz Bourgogne (Burgund) herausgezüchtet. Seit 1961 waren führende französische Züchter wie Arnold Aupetit und der bekannte deutsche Züchter Dr. H. C. Kissner, Darmstadt, bemüht, die Farbe zu intensivieren, wodurch die helleren Partien eine mehr rötliche Tönung erhalten sollten. Dass ihnen dies gelungen ist, zeigt der heutige Stand der Rasse.

Körperform, Typ, Bau, Stellung, Fellhaar

Gewicht:	Normalgewicht 4,25 kg, Mindestgewicht 3,25 kg, Höchstgewicht 5,25 kg.
Form, Stellung:	Leicht gestreckt, vorne und hinten gleich breit, mit einer ebenmäßigen Rückenlinie versehen und hinten gut abgerundet, insgesamt hoch gestellt.
Kopf:	Der Kopf ist kräftig. Stirn- und Schnauzpartie sind breit, die Backen beim Rammler ausgeprägt.
Ohren:	Sie sind gut aufgesetzt und fleischig, werden v-förmig getragen und sind im Vergleich zu anderen Mittelrassen etwas länger.
Läufe:	Die Stellung auf geraden und breit gestellten Vorderläufen ist hoch und bewirkt so eine gute Bodenfreiheit.
Fellhaar:	Das Fell ist mittellang und in der Unterwolle sehr dicht, gut und gleichmäßig begrannt.
Häsin:	Bei älteren Häsinnen ist eine kleine, gut geformte Wamme zugelassen.

Farbe

Die Deckfarbe ist gelbrot und warm im Ton, sie erstreckt sich gleichmäßig über den ganzen Körper. Die Wildfarbigkeitsabzeichen (Nasenlöcher, Augeneinfassung, Kinnbackeneinfassung und Bauch) sind cremefarben, die Blumenunterseite ist weiß. Die Augen sind braun, die Krallen dunkelhornfarbig. Die Unterfarbe ist etwas heller als die Deckfarbe, rein ohne andersfarbige Durchsetzung und bis zum Haarboden durchgehend. L. F.: Leichte Farbverblassung, etwas helle Unterfarbe. S. F: Starker brauner Anflug, rein weiße Binden, rein weiße Bauchdecke.

Allgemeines

Der Burgunder hebt sich durch die etwas schlankere Form von dem immer einheitlicher werdenden Pool walzenförmiger Mittelrassen ab, die sich vom Typ her immer ähnlicher werden und sich eigentlich nur noch durch die Farbe unterscheiden. Die Rasse dürfte auch wirtschaftlich sein. Gerade solche Rassen, die nicht extreme Verkürzungen der Knochen und extreme Gedrungenheit zeigen, sind regelmäßig im Zuchtgeschehen zuverlässiger. Natürlich ist die Rasse hier noch relativ neu, doch sie findet zunehmend einen breiteren Züchterkreis.

1,0 Blaue Wiener (Dr. W. Hippe, Duderstadt). *Foto: Wolters*

Blaue Wiener (BlW)

Zuchtziel

Zuchtziel ist ein mittelgroßes, walzenförmiges Kaninchen mit ausgeprägten runden Formen, einem schönen, kräftigen Kopf und einer intensiven, jedoch nicht zu dunklen, reinen, blauen Fellfarbe. Es soll in sich optimal Schönheit und Nutzeigenschaften vereinen.

Geschichtliches

Als Erzüchter gilt J. C. Schultz, Beamter der k. u. k. Südbahn in Wien-Hetzendorf. Er wollte den Importrassen eine bodenständige Rasse entgegensetzen, von der er sich einen doppelten wirtschaftlichen Nutzen versprach: Ergiebige Fleischproduktion und schönes Fell. Um 1890 hatte er begonnen, nach eigenen Angaben mit Belgischen Riesen, Französischen Halbwiddern und Lothringer Riesen zu züchten; 1895 erhielt er anlässlich einer Ausstellung im Wiener Prater eine Goldmedaille. Ab 1898 vererbte die Farbe rein. Im Laufe der folgenden Jahre reduzierte man das Gewicht von bis dahin 7 kg und mehr auf Mittelrassenniveau. Die ersten Tiere gelangten 1903 nach Deutschland (Hamburg). Der Blaue Wiener ist heute eine unserer Spitzenrassen. Bei Großschauen stellt er nach wie vor unter den Mittelrassen das größte Kontingent.

Körperform, Typ, Bau, Stellung, Fellhaar

Gewicht:	3,25–4,25 kg, Normalgewicht 4,25 kg und mehr, Höchstgewicht 5,25 kg.
Form:	Körper breit, walzenförmig, leicht gestreckt wirkend.
Stellung:	Schulter kompakt, vorne und hinten gleich breit. Stellung mittelhoch.
Kopf:	Ohne Übertreibung groß, kräftig, Kopf- und Schnauzpartie breit, Backen gut entwickelt, Nasenbein leicht geramst. L. F.: Schmale Kopfpartie.
Ohren:	Gut aufgesetzt, fleischig, straff aufgerichtet getragen, gut behaart, an den Enden löffelartig, offen getragen, Länge der Körperlänge entsprechend (etwa 11 cm). L. F.: Dünne, faltige, schwach behaarte Ohren, breite Ohrenhaltung.
Rumpf:	Kompakt, walzenförmig, muskulös, Brust breit, voll ausgeprägt, fast gerade, Hinterpartie breit, Flanken gut gefüllt; Hals kaum erkennbar, Nacken breit und kräftig.
Rücken:	Breit, hinten gut abgerundet.
Blume:	Gerade und fest anliegend getragen.
Läufe:	Knapp mittellang, kräftig. L. F.: Lange, dünne Läufe.
Fellhaar:	Mit zirka 3,5 cm mittellang, Unterwolle sehr dicht, daher seidenweich, gut und gleichmäßig begrannt.
Häsin:	Kopf nur wenig länglicher als beim Rammler. Bei älteren Häsinnen ist eine kleine, wohlgeformte Wamme zulässig. L. F.: Größere Wamme.

Farbe

Die Deckfarbe ist ein kräftiges Mittelblau, ohne Extreme nach Hell oder Dunkel. Guter Glanz sollte auf der Decke liegen. Die Farbe sollte rundherum am Tier gleichmäßig vorhanden sein. Lediglich die Bauchfarbe selbst ist etwas matter und erscheint weniger glänzend. Die Augen sind blaugrau, die Krallen sind dunkel. L. F.: Etwas hellere Decke (Farbverblassung), melierte, reifartige Deckfarbe, dunkle Farbe, helle Spürhaa-

re, leichter bräunlicher Anflug, geringe Farbabweichung an Kopf, Ohren, Brust und Läufen, leichte Durchsetzung mit weißen Haaren, leichter bräunlicher Anflug unter der Decke. S. F.: Zu helle, farblose oder zu dunkle, nach Schwarz tendierende Deckfarbe, starker Rost, stark weiß durchsetzte Deckfarbe und Ohrenränder, starker brauner Anflug unter der Decke.
Die Unterfarbe ist nur wenig heller als die Deckfarbe; sie sei rein, intensiv und soll bis zum Haarboden durchgehen. L. F.: Etwas helle oder durchsetzte Unterfarbe. S. F: Sehr unreine, stark weiß durchsetzte Unterfarbe.

Allgemeines

Blaue Wiener sind eine Rasse von mittlerer Wirtschaftlichkeit. Dunklere Tiere neigen eher zum braunen Anflug. Sie sollten daher nur mit Vorsicht zur Zucht verwendet werden. Teilweise sind die Felle, um die Köpfe stärker zu betonen, lang gezüchtet worden, teilweise steckt auch der Langhaarfaktor in der Rasse. Ebenso treten recht häufig Zahnmissbildungen auf. Natürlich ist es schwieriger, eine Kaninchenrasse züchterisch auf hohem Niveau zu halten, als eine Rasse auf einen hohen Zuchtstand zu bringen.

1,0 Blaugraue Wiener (D. Wortmann, Reutlingen). *Foto: B & S Fotostudio*

Blaugraue Wiener (BlgrW)

Zuchtziel

Zuchtziel ist eine Synthese der guten Eigenschaften von Blauen und Grauen Wienern. Die Rasse bietet alle Vorzüge der Wirtschaftlichkeit des Mittelrassensegments und dazu noch die attraktive Blauwildfarbe, die bisher nur bei Perlfeh, Klein- und Zwergwiddern zu sehen war.

Geschichtliches

Ansätze zur Erzüchtung fehfarbiger großer Kaninchenrassen hat es in Deutschland bereits mehrfach gegeben: So gab es schon vor dem Dritten Reich Bestrebungen, eine fehfarbige Riesenrasse zu züchten, die damals unter dem Namen Honnefer Riesenfeh in den Reichsbewertungsbestimmungen geführt wurde. Auch heute sind blaugraue Riesenkaninchen zugelassen. In Deutschland (nicht in den Niederlanden) dürfte es jedoch kaum Tiere der Rasse geben.

Die Blaugrauen Wiener waren unter der Rubrik „Andersfarbige Wiener" bis 1964 im Standard des damaligen ZDK anerkannt, gerieten jedoch im Laufe der Jahre in Vergessenheit. Erst durch die Zuchtbemühungen von Dirk Wortmann, Reutlingen, und einer ab 1989 stets wachsenden Anzahl von Mitstreitern konnten sich die Blaugrauen Wiener erneut einen festen Platz in der Wienerfamilie erobern. Bereits als Neu- bzw. Nachzüchtung, erstmalig offiziell vorgestellt bei der 14. Bundes-Rammlerschau 1993 in Oldenburg, zeigten sich die Tiere in bester Qualität, sodass die erneute Anerkennung der Blaugrauen Wiener schon 1997 erfolgte. Man darf davon ausgehen, dass diese züchterisch sehr reizvolle Rasse auch künftig ihren Züchterstamm halten bzw. ausbauen wird.

Körperform, Typ, Bau, Stellung, Fellhaar

Gewicht:	3,25–4,25 kg, Normalgewicht 4,25 kg, Höchstgewicht 5,25 kg.
Form, Stellung:	Der leicht gestreckte, walzenförmige Körper ist mittelhoch gestellt.
Kopf:	Kräftig, jedoch nicht klobig, breite Stirn und Schnauze, gut entwickelte Kinnbacken.
Ohren:	Dem Körper entsprechend kurz, kräftig strukturiert, an den Enden gut gerundet, v-förmig, nicht zu breit gestellt.
Rumpf:	Breit, walzenförmig, Brust voll ausgeprägt, Hinterpartie gut gerundet, kräftiges Genick.
Rücken:	Breit, volle Flanken, ebenmäßige Rückenlinie.
Läufe:	Mittellang, stark.
Fellhaar:	Mit etwa 3,5 cm Haarlänge mittellang, dichte Unterwolle, gute, kräftige und gleichmäßige Begrannung.
Häsin:	Die Häsin ist in allen Teilen schnittiger als der Rammler und möglichst wammenfrei. Bei älteren Häsinnen ist eine kleine, gut geformte Wamme zugelassen. L. F.: Wamme bei Häsinnen unter einem Jahr.

Deckfarbe und Gleichmäßigkeit, Zwischen- und Unterfarbe

Die Deckfarbe ist blaugrau (blauwildfarbig) in den Abtönungen hell, mittel und dunkel. Der mittleren Tönung ist der Vorzug zu geben. Die Bauchdeckfarbe und die Unterseite der Blume sind weiß bis hellcremefarbig. Die Schattierung der Decke wird hervorgerufen durch blau gespitzte Haare, die bündelweise beisammenstehen; sie soll am ganzen Körper möglichst gleichmäßig verteilt sein und an den Seiten weit nach unten reichen. Die Brust, die Flanken und die Läufe dürfen etwas heller sein, sollen aber möglichst mit der Deckfarbe am Rücken übereinstimmen. Die Augenringe, die Kinnbackeneinfassung und die Innenseiten der Läufe sind gräulich weiß bis cremefarbig. Die Ohren sind blau umrandet. Der kleine Genickkeil ist nicht scharf abgegrenzt und bräunlich. Die Blumenoberseite ist dunkel und kräftig gesprenkelt. Die Augen sind blaugrau, die Krallen hornfarbig. L. F.: Ungleichmäßige Schattierung der Decke, schwach gesprenkelte Blumenoberseite. Schmaler Ohrenrand; durch Ein- oder Ausläufer unsauber abgegrenzter Ohrenrand; leichte Durchsetzung des Ohrenrands mit andersfarbigen Haaren. Etwas großer oder andersfarbiger Genickkeil. Leicht weiße Durchsetzung der Deckfarbe; hellere Brust, Flanken und/oder Läufe; helle Bindenansätze. S. F.: Zu dunkle oder zu helle Deckfarbe; stark weiß durchsetzte Deckfarbe. Völliges Fehlen der Sprenkelung auf der Blumenoberseite. Stark weiß durchsetzter Ohrenrand oder sichtbarer weißer Büschel oder Fleck im Ohrenrand. Fehlende Schattierung. Rein weiße Binden oder Zehen. Andere als die geforderte Augenfarbe, zweierlei oder pigmentlose Krallen.

Zwischen- und Unterfarbe

An den farbigen Körperteilen befindet sich eine 5–8 mm breite, zur Unterfarbe gut abgegrenzte braune bis bräunlich rote Zwischenfarbe, die fließend in die Deckfarbe übergeht. Die Unterfarbe ist am ganzen Körper, einschließlich des Bauches graublau und umfasst etwa die Hälfte bis zwei Drittel der Haarlänge. Die Unterfarbe an der Blumenunterseite bleibt unberücksichtigt. L. F.: Schwache, verschwommene oder etwas aufgehellte Zwischenfarbe; etwas schmale oder breite Zwischenfarbe. leicht weiß durchsetzte Zwischen- und/oder Unterfarbe. Bauchunterfarbe nur im Brust- und Schoßbereich. S. F.: Stark farblich unreine oder stark weiß durchsetzte Zwischen- oder Unterfarbe. Zu breite Zwischenfarbe, wenn sie mehr als 10 mm beträgt. Gänzliches Fehlen der Zwischenfarbe und/oder der Unterfarbe. Am Haarboden rein weiß abgesetzte Unterfarbe. Gänzliches Fehlen der graublauen Bauchunterfarbe.

Allgemeines

Die Blaugrauen Wiener sind als „neue, alte Rasse“ eine echte Bereicherung des Rassenspektrums. Das zeigt auch das rege Interesse der Züchterschaft an diesen wirtschaftlichen und zugleich ansprechenden Kaninchen.

1,0 Schwarze Wiener (S. Mayer, Bisingen). *Foto: B & S Fotostudio*

Schwarze Wiener (SchwW)

Zuchtziel

Angestrebt wird ein Kaninchen im Typ der Blauen Wiener, jedoch mit schwarzer Fellfarbe.

Geschichtliches

Die Rasse soll 1925 erstmalig ausgestellt worden sein und 1931 bei der Siegerschau in Leipzig ihren ersten Höhepunkt erreicht haben. Bis in die Sechzigerjahre des letzten Jahrhunderts war die Rasse sehr selten. Seither hat sie doch mehr Freunde gefunden, die sie mittlerweile in recht brauchbarer Qualität erhalten.

Körperform, Typ, Bau, Stellung, Fellhaar

Gewicht:	3,25–4,25 kg, Normalgewicht 4,25 kg und mehr, Höchstgewicht 5,25 kg.
Form, Stellung:	Wie Blaue Wiener.
Kopf:	Kräftig, mit breiter Stirn und Schnauze, kräftigen Kinnbacken und leicht gebogenem Nasenrücken.
Ohren:	Gut aufgesetzt, fleischig, an den Ecken gut abgerundet.
Rumpf:	Kompakt, walzenförmig, muskulös mit ebenmäßiger, hinten gut gerundeter Rückenlinie.
Läufe:	Knapp mittellang, kräftig.
Fellhaar:	Mittellang (ca. 3,5 cm), ähnlich wie das der BlW, jedoch kräftiger begrannt.

Allgemeines

Man sollte die Rasse rein züchten und auf Kreuzungen verzichten. Tiere, die aussehen wie Alaskakaninchen, rechtfertigen den Bestand der Schwarzen Wiener als Rasse nicht unbedingt.

1,0 Weiße Wiener (H. Gießing, Bocholt). *Foto: B & S Fotostudio*

Weiße Wiener (WW)

Zuchtziel

In den 30er-Jahren des 20. Jahrhunderts wurde der Begriff „Wiener-Typ", der Typ des WW gekürt und zum Allgemeingut der Rassekaninchenzüchter. Der Begriff verbindet Nutzform und Schönheit in nahezu idealer Weise. Daran möge sich der Züchter auch weiterhin halten. Weiße Wiener sollten sich im Typ deutlich von den Weißen Neuseeländern abheben. Sie sind wesentlich weniger gedrungen, zeigen eine mittelhohe Stellung, eine rundere Kopfform und ein kräftiger begranntes Fell. Tiere, die hiervon abweichen und Neuseeländertyp zeigen, sollten aus der Zucht verschwinden. Sie entsprechen nicht dem Zuchtziel.

Geschichtliches

Weit verbreitetes Zuchtziel nicht nur in Deutschland seit den 80er-Jahren des vorigen Jahrhunderts war ein weißes Kaninchen mit blauen

Augen. 1902 begann der Eisenbahnbeamte der Wiener Nordbahn Wilhelm Mucke, dieses Ziel ebenfalls vor Augen, schwach gezeichnete blaue Holländer zu paaren; nach 15-jähriger Züchterarbeit stellte er seine ersten WW der Öffentlichkeit vor.
Sie waren die Sensation der damaligen Zeit. Mucke aber hielt man für den „Glücklicheren" vor anderen, dem der große Wurf durch Verdrängungszucht, wie man noch in den 20er-Jahren des vorigen Jahrhunderts glaubte, eben gelang.
1910 gelangten die ersten Original-Wiener nach Deutschland. Sie wurden eine Moderasse und in den 30er-Jahren eine der anerkannten sieben Wirtschaftsrassen, vielfach sogar „Vereinsrasse". Den WW ist in den WN eine bedeutende Konkurrenz erwachsen, der sie bislang jedoch standhielten.

Körperform, Typ, Bau, Stellung, Fellhaar

Gewicht, Typ:	3–4 kg, Normalgewicht 4 kg und mehr, Höchstgewicht 5 kg. Der Wiener-Typ tritt am augenfälligsten in Erscheinung bei gut 4 kg. Die Statur ist insgesamt kleiner als die des BlW.
Form, Stellung:	Körperform wie beim BlW. Da auch Eleganz gefordert wird, leicht gestreckt, Körper breit, Fleisch- und Muskelpartien vorhanden. Stellung mittelhoch. L. F.: Leichte Abweichungen vom Typ.
Kopf:	Kurz, kräftig, Stirn und Schnauze breit, Backen ausgeprägt, Nasenrücken leicht gebogen. L. F.: Schmale Kopfpartie.
Ohren:	Gut aufgesetzt, fleischig, dicht behaart, schön gerundet, straff aufrecht getragen; Länge entsprechend der Körperform. L. F.: Dünne, schwach behaarte oder zu breit gestellte Ohren.
Rumpf:	Breit, gedrungen, walzenförmig, Flanken gut gefüllt, Schultern gut bemuskelt, Hals kaum erkennbar.
Rücken:	Breit, hinten schön abgerundet, Rückenlinie ebenmäßig.
Läufe:	Mittellang, kräftig. L. F.: Lange, dünne Läufe.
Fellhaar:	Mittellang (zirka 3 cm), sehr dicht, Begrannung fein und gleichmäßig, jedoch nicht zu schwach.
Häsin:	Eleganter, zierlicher, in allen Teilen etwas schnittiger als der Rammler. Bei älteren Häsinnen ist eine kleine, gut geformte Wamme zugelassen.

Farbe

Die Deckfarbe ist rein weiß. Sie erstreckt sich völlig gleichmäßig über den ganzen Körper, Kopf und Ohren eingeschlossen. Die Unterfarbe ist der Deckfarbe ohne jegliche Abweichung gleich. Die Augen sind blau, die Krallen farblos. L. F.: Kleine Farbabweichungen am Körper, gelblicher Kopf, graue Halspartie und Kinnbacken, gelblicher Anflug an Bauch und Sohlen.

Allgemeines

Die Weißen Wiener sind eine Rasse mit durchschnittlicher Verbreitung und Wirtschaftlichkeit. Im Gegensatz zu albinotischen Rotaugen sind die Tiere sehr lebhaft und beweglich.
Langhaarfaktor und Zahnanomalien sind nicht selten. Tiere im Neuseeländertyp, die auf unerlaubte Einkreuzungen schließen lassen, sollten wieder ausgemerzt werden. Hier wäre manchmal ein entsprechender Fingerzeig auf der Bewertungskarte angebracht.

1,0 Graue Wiener (A. Stark, Schwabach). *Foto: B & S Fotostudio*

Graue Wiener (GrW)

Zuchtziel

Graue Wiener sind eine im „Wiener-Typ" stehende Rasse, bei der die Farbenschläge Dunkel-, Wild- und Hasengrau zugelassen sind. Sie zeichnet sich durch hervorragende Wirtschaftlichkeit aus.

Geschichtliches

Das heute „Grauer Wiener" genannte Kaninchen stammt aus der Zeit der verbreiteten rasselosen Hauskaninchen. Als „Deutsches Kaninchen" wurde es, gleichsam als Gegengewicht gegen die meist importierten Rassen, in den ersten deutschen Standard aufgenommen; doch geriet es nahezu in Vergessenheit. Nicht zuletzt Gustav Korn, Eislingen, war es, der es über die 20er-Jahre des letzten Jahrhunderts hinwegrettete. 1935 erinnerte man sich erneut an die Rasse, wünschte sie mittelgroß, hasengrau und propagierte sie als Nutzkaninchen des kleinen Mannes. Korn erreichte 1936 die Anerkennung des dunkelgrauen Farbenschlages, 1938 folgte die Zulassung der übrigen Grauschläge. Die erhoffte Verbreitung blieb aus. Anlässlich der 1. Reichskörschau 1943 in Leipzig versuchte man es erneut; es sollte zur Einheitsrasse werden. Seither existierte es, 1962 wohl endgültig den Wienern zugeordnet, lange am Rande der Ausstellungszucht. Seit einigen Jahren ist die Rasse auf einmal wieder da, und zwar in einer Qualität, die bei den Züchtern der anderen Wienerrassen Wunschträume wachruft.

Körperform, Typ, Bau, Stellung, Fellhaar

Gewicht:	3–4 kg, Normalgewicht 4 kg und mehr, Höchstgewicht 5 kg.
Form, Stellung:	Der walzenförmige Körper ist mittelhoch gestellt.
Kopf:	Extrem kräftig, Stirn und Schnauze breit, Backen gut entwickelt.
Ohren:	Dem Körper entsprechend kurz, fleischig, oben schön gerundet, gut behaart.
Rumpf:	Breit, walzenförmig, Brust voll ausgeprägt, Hinterpartie gut gerundet, Hals kurz, Nacken kräftig.
Rücken:	Breit, in den Flanken gut gefüllt, Rückenlinie ebenmäßig.
Läufe:	Mittellang, stark.
Fellhaar:	Mit etwa 3 cm mittellang, Unterwolle sehr dicht, Begrannung gut und gleichmäßig.
Häsin:	Kaum weniger kräftig als der Rammler und möglichst wammenfrei. Bei älteren Häsinnen ist eine kleine, gut geformte Wamme zugelassen. L. F.: Größere Wamme.

Farbe

Anerkannt sind die Farbenschläge Hasengrau, Wildgrau und Dunkelgrau.
Die Farbe entspricht der der DR grau (siehe dort), lediglich die Schattierung wird der Haarlänge entsprechend feiner und gleichmäßiger gefordert.

Allgemeines

Wie der Phönix aus der Asche sind sie auferstanden und in die Spitzengruppe der deutschen Kaninchenrassen gestürmt. Der Himmel (und der clevere Züchter) wissen, woher diese Flut an Spitzentieren stammt. Die Rasse ist außerdem noch sehr wirtschaftlich. An der Reinerbigkeit muss allerdings hier und da noch gearbeitet werden.

1,0 Weiße Hotot (B. Glutting, Nürnberg) *Foto: Wolters*

Weiße Hotot (WH)

Zuchtziel

Elegantes, walzenförmiges, leicht gestrecktes weißes Kaninchen mit schmalen schwarzen Augenringen und dunkelbraunen Augen. Da die Rasse spalterbig ist, sollte auf große Wurfstärke Wert gelegt werden.

Geschichtliches

Ende des 19. Jahrhunderts hatte Hermann Ziemer, Arnstadt, vielfach die Erzüchtung einer weißen Rasse mit blauen Augen gefordert. Er selbst suchte diesem Ziel durch die Verdrängung der Holländerschecknung nahe zu kommen. Ergebnis dieser Bemühungen war das Husumer Kaninchen. In der gleichen Weise ging Mme. Eugénie Bernard aus dem nordfranzösischen Städtchen Hotot en Ange seit 1910 mithilfe schwach gezeichneter französischer Schecken – Kreuzungstiere aus Platten- und Punktschecken – vor und erhielt schließlich rein weiße Tiere mit dunklen Augenringen. 1912 wurde die Rasse zum ersten Mal ausgestellt und anerkannt. 1927 gelangten die ersten Hotots blancs in die Schweiz, von dort kamen durch Friedrich Joppich 1930 einige Tiere nach Deutschland. Die Rasse blieb unbeachtet. 1959 begann Dr. Kissner, Darmstadt, mit Schweizer Tieren aufs Neue. Die Verbreitung der Rasse hat steigende Tendenz.

Körperform, Typ, Bau, Stellung, Fellhaar

Gewicht:	3–4 kg, Normalgewicht 4 kg und mehr, Höchstgewicht 5 kg.
Form, Stellung:	Etwas eleganter und etwas höher gestellt, sonst dem WW recht ähnlich: breit, doch leicht gestreckt, gut bemuskelt.
Kopf:	Möglichst kurz, mit breiter Stirn- und Schnauzpartie.
Augen:	Groß, lebhaft.
Ohren:	Fleischig, straff aufrecht getragen, Enden abgerundet, gut behaart, der Körperform entsprechend nicht zu lang.
Rumpf:	Breit, walzenförmig, mit voller Brust und gut gerundeter Hinterpartie; Hals und Nacken kaum sichtbar.
Rücken:	Leicht gewölbt, Rückenlinie ebenmäßig. Die mittellange, gerade Blume wird anliegend getragen.
Läufe:	Mittellang, kräftig, Hinterläufe gut aufsitzend.
Fellhaar:	Gut 3 cm lang, Unterwolle recht dicht, Begrannung gut und gleichmäßig.
Häsin:	In allen Teilen feiner als der Rammler; möglichst wammenfrei, doch ist bei älteren Häsinnen eine kleine, wohlgeformte Wamme zugelassen.

Farbe und Zeichnung

Anerkannt ist nur der schwarz-weiße Farbenschlag. Die Grundfarbe ist gleichmäßig am ganzen Körper in Deck- und Unterfarbe rein weiß mit gutem Glanz. Rein und tiefschwarz seien die Augenringe von 3 bis 5 mm Breite, möglichst gleichmäßig breit und ohne Zacken. Die Augenlider verlaufen nach den Seiten fleischfarben. Die Augen sind dunkelbraun, je dunkler, desto besser, ohne Flecken und Marmorierung. Die Krallen sind farblos. L. F.: Breite, schmale oder ungleichmäßige Augeneinfassung, fleischfarbene Augenlider, weiß durchsetzte Augenringe, wenig dunkle Haare an Kopf und Ohren, gelber oder grauer Anflug in der Farbe. S. F.: Über 6 mm breite Augeneinfassung, unterbrochene oder mit weißen Flecken durchsetzte Augenlider, dunkle Flecken am Körper (auch an Kopf und Ohren), andere als schwarze Augenringe.

Allgemeines

Die Rasse ist spalterbig. In allen Würfen treten Tiere mit Abzeichen deutlicher Holländer- und Englischer Scheckung auf, selbst Weißlinge, also Tiere ohne Augenringe. Doch überwiegt die typische Zeichnung, die sich bereits wenige Tage nach der Geburt feststellen lässt. Die Rasse ist überdurchschnittlich robust, frohwüchsig, mastfähig und fruchtbar, weshalb sie mehrere Jahre lang in Frankreich zahlreiche Hotot-Kaninchenfarmen bevölkerte. In Deutschland stagniert die Verbreitung seit Jahren. Die Rasse hat einen festen Züchterstamm, der mit viel Passion bei der Sache ist. Die Zucht sollte mehr auf Verbesserung der Körperform und der Ohrenlänge gerichtet sein.

1,0 Rote Neuseeländer (H. Müller, Queidersbach). *Foto: B & S Fotostudio*

Rote Neuseeländer (RN)

Zuchtziel

Nach Prof. Nachtsheim (1935) hat sich die Rasse in Kalifornien „zweifellos als eine der besten Wirtschaftsrassen erwiesen"; doch fehlte den Importtieren u. a. die ihnen nachgesagte Frohwüchsigkeit. So ist die Rasse heute eine Farbenrasse mit mittlerer Wirtschaftlichkeit. Das Zuchtziel ist jedoch schwierig zu realisieren, weil sich typische Fehler wie heller Bauch und dunkler Anflug besonders hartnäckig vererben.

Geschichtliches

Seit Beginn des 20. Jahrhunderts wurde die Rasse in Kalifornien aus gelbwildfarbigen Belgischen Riesen und belgischen Hasenkaninchen in den Zuchtstationen des Landes erzüchtet – zur Fleischversorgung der Großstädte. Kurz vor dem Ersten Weltkrieg erreichten die ersten Importe England und Frankreich. Anfang der 20er-Jahre wurde die Rasse in Frankreich aus den noch vorhandenen Importtieren neu erzüchtet, über Holland und England amerikanische Tiere erneut importiert, ohne Erfolg. 1930 veranlasste Friedrich Joppich einen ersten deutschen

Transport; die Tiere enttäuschten. 1947 folgten weitere Importe aus England und Holland, mehr jedoch aus Frankreich, der Schweiz und Österreich. Heute ist die Rasse bei durchschnittlicher Qualität recht gut verbreitet.

Körperform, Typ, Bau, Stellung, Fellhaar

Gewicht:	3–4 kg, Normalgewicht 4 kg und mehr, Höchstgewicht 5 kg.
Form, Stellung:	Nutzform, breit, vorne und hinten gleich, allseits schön gerundet, Stellung knapp mittelhoch.
Kopf:	Kurz, kräftig, Stirn und Schnauze breit, Backen voll entwickelt.
Ohren:	Mittellang, gut aufgesetzt, straff aufgerichtet, fleischig, gut behaart.
Rumpf:	Walzenförmig, Brust und Hinterpartie voll ausgeprägt, Hals kaum erkennbar, Nacken kurz und kräftig.
Rücken:	Hinten gut gerundet, Rückenlinie ebenmäßig.
Läufe:	Mittellang, kräftig.
Fellhaar:	Mit etwa 3 cm mittellang, nicht zu fein, dichte Behaarung und gute, jedoch nicht grobe Begrannung. L. F.: Grobes, langes oder dünnes Fell.
Häsin:	Sie gleicht dem Rammler bis auf die geschlechtsbedingten Unterschiede; eine kleine, wohlgeformte Wamme bei älteren Häsinnen ist zugelassen.

Farbe

Die Deckfarbe sei breit, sattrot und gut glänzend. Gerade durch den Glanz erhält die Farbe Intensität. Die Wildfarbigkeitsabzeichen (Augenringe, Kinnbackeneinfassung, Bauchfarbe, Innenseite der Läufe und Unterseite der Blume) dürfen heller getönt sein; sie sollen zwar matter, aber von ähnlicher Intensität sein wie die Oberfarbe. Weiße Wildfarbigkeitsabzeichen dagegen sind fehlerhaft.
Die Deckfarbe sei am ganzen Körper, auch an Kopf, Ohren, Brust und Vorderläufen, gleichmäßig; sie soll vom Rücken über die Flanken bis zur Bauchpartie reichen. Die Augen sind braun, die Krallen dunkelhornfarbig.
Die Unterfarbe sei der Deckfarbe möglichst ähnlich und rein. Sie soll ohne Durchsetzung bis zum Haarboden durchgehen. L. F.: Etwas helle oder leicht durchsetzte Deckfarbe, leicht heller oder dunkler Anflug

(besonders häufig an den Ohrenrändern), etwas helle Brust, Seiten, Schenkel und Läufe, Binden, etwas fleckige Deckfarbe, weißliche Unterseite der Blume, etwas helle oder durchsetzte Unterfarbe. S. F.: Zu helle, farblose Tiere, mit schwarzen Haaren durchsetzte Decke, schwarze Ohrensäumung, sichtbare weiße Flecken in der Deckfarbe, ganz helle Brust und Läufe, rein weiße Binden, Augenringe und Kinnbackeneinfassung, stark unreine oder gänzlich verwaschene Unterfarbe, rein weiße Bauchfarbe und Unterseite der Blume.

Allgemeines

Züchterisch zweifellos mit die schwierigste einfarbige (genetisch gesehen sind die roten und gelben Kaninchen nicht einfarbig, sondern rotwildfarbig) Rasse. Probleme neben den schwarz gespitzten Grannen, die sich extrem hartnäckig vererben, bereitet besonders die Körperform. Viele Tiere sind einfach noch zu eckig. In manchem Schlag wird auch durch sehr langes, zudem meist noch dünnes Fellhaar Kopfstärke vorgetäuscht.

1,0 Weiße Neuseeländer (H. Däubler, Langfurt). *Foto: B & S Fotostudio*

Weiße Neuseeländer (WN)

Zuchtziel

Ein gedrungenes, breites, blockiges Tier mit deutlich verkürztem, extrem ausgeprägtem Kopf und vollfleischigen Ohren. Das Fell sollte sich auf Grund enormer Dichte, nicht jedoch auf Grund weicher, schwacher Grannen vollgriffig und weich anfühlen. Angestrebt wird außerdem eine gute Mastfähigkeit.

Geschichtliches

Zwischen den beiden Weltkriegen war die Rasse wie der RN in den Zuchtstationen Kaliforniens erzüchtet worden. Als Ausgangsrassen sind lediglich bekannt geworden der RN und das Angorakaninchen. Dank seiner legendären Leistungseigenschaften erreichte sein Ruf in den frühen 50er-Jahren des 20. Jahrhunderts Europa und inspirierte hier zunächst eine Reihe von Züchtern zu eigenständigen Erzüchtungen ei-

ner Fleischrasse. 1958 wurden die ersten Originaltiere nach England importiert, wenig später erhielt die damalige Bundesforschungsanstalt für Kleintierzucht in Celle 2,3 WN. Von ihrem heutigen Habitus weit entfernt, wurden die ersten Tiere 1960 ausgestellt. 1963 erfolgte die Anerkennung. Die Rasse erlebte einen Boom wie keine zweite nach dem Kriege.
Leider trugen jedoch lasche Bewertungen, aber auch einseitige Konzentration der Züchter auf den Kopf dazu bei, dass es mit der Rasse auch wieder bergab ging. Die Köpfe sind zwar heute so stark wie nie. Jedoch zeigen viele Tiere erhebliche formliche Mängel. Ganz besonders häufig treten X- und O-Beine auf, durchgetretene Läufe, lose Fellhaut, hoch stehende Hüftknochen, lose Schultern usw. Viele Felle sind heute zu lang, zeigen wenig Dichte, weiche Grannen und andere Strukturfehler.

Körperform, Typ, Bau, Stellung, Fellhaar

Gewicht:	3–4 kg, Normalgewicht 4 kg und mehr, Höchstgewicht 5 kg.
Form, Stellung:	Der WN war ursprünglich als ausgesprochene Fleischrasse konzipiert. Der Körper ist breit, gedrungen, blockig. Stellung niedrig und nur durch den Fleischtyp vertretbar, dennoch sollte der Bauch nicht auf dem Tisch aufliegen, sondern etwas Bodenfreiheit gefordert werden.
Kopf:	Kurz, kräftig, Stirn und Schnauze breit, Nase leicht geramst.
Ohren:	Dem gedrungenen Körper entsprechend kurz, stark im Gewebe, oben voll abgerundet, gut behaart. L. F.: Schwach behaarte, dünne oder faltige Ohren, längere Ohren sowie Ohren unter 10 cm Länge.
Rumpf:	Sehr breit, Fleischpartien deutlich sichtbar, Hinterpartie voll gerundet, Flanken stark gefüllt; Hals und Nacken nicht erkennbar.
Rücken:	Breit, Rückenlinie ebenmäßig, Hinterpartie gut gerundet.
Blume:	Relativ kurz, straff anliegend.
Läufe:	Verhältnismäßig kurz, kräftig, breit gestellt, gerade. L. F.: Lange, dünne Läufe, X-, O-Beine, durchgetretene Läufe.
Fellhaar:	Mittellang (ca. 3 cm), Unterwolle dicht wie kaum bei einer anderen Rasse; über den gesamten Körper hinweg gleichmäßige, kräftige, jedoch nicht grobe Begrannung.

Häsin: Bis auf die geschlechtsbedingten Merkmale dem Rammler gleich. Wammenfreiheit ist geboten, doch ist eine kleine, gut geformte Wamme bei älteren Häsinnen zugelassen.

Farbe

Deck- und Unterfarbe rein weiß und ohne jegliche Abweichung gleichmäßig am ganzen Körper, in gleicher Weise auch an Kopf, Ohren, Läufen und Bauch. Sie sollte einen guten Glanz zeigen. Ein ganz leichter elfenbeinfarbener Anflug ist Indiz für ein sehr dichtes Fell und kein Fehler. Die Augen sind blassrot, die Krallen farblos. L. F.: Kleine Farbabweichungen am Körper, gelber Anflug, graue Halspartie und Kinnbacken. S. F.: Stark gelblicher oder grauer Anflug in der Deckfarbe.

Allgemeines

Die Züchter der Rasse müssen sich wieder auf die alten Werte besinnen, die einst der Rasse ihren guten Ruf gaben. Gab es nicht vor 20 Jahren Tiere, die Fellqualitäten zeigten, wie es sie bis dahin noch nie gab? Wo sind sie geblieben? Die Konzentration auf den Kopf führt auch zum Schwund der Leistungseigenschaften. Es dürfte doch mittlerweile bekannt sein, dass die dafür eingesetzten Häsinnen mit extrem starken Köpfen hormonell zum Teil große Probleme haben und daher in der Zucht versagen. Etwas Besinnung der Züchter und ein gewisses Umdenken sind allerdings schon erforderlich, um den alten Stand wieder zu erreichen.

1,0 Große Marderkaninchen, braun (D. Bach, Pforzheim). *Foto: B & S Fotostudio*

Große Marderkaninchen (GrM)

Zuchtziel

Zuchtziel ist ein mittelgroßes, gedrungenes Kaninchen mit der Farbe und den Abzeichen des Braunmarderkaninchens.

Geschichtliches

Die Rasse war im ehemaligen Ostblock herausgezüchtet worden und kam bei der Vereinigung sozusagen als „Mitgift" in unseren Standard. Sie hat seither keine große Verbreitung gefunden, was wohl auch an der relativ schwierigen spalterbigen Zucht liegen mag.

Körperform, Typ, Bau, Stellung, Fellhaar

Gewicht: Normalgewicht 4 kg und mehr, Höchstgewicht 5 kg, Mindestgewicht 3 kg.

Form, Stellung:	Der Kopf ist der Größe der Rasse entsprechend, mit vollen Backen und dicht am Körper anliegend. Der Rumpf soll vorn und hinten gleich breit und gut bemuskelt sein.
Läufe:	Die Läufe sind kurz und kräftig.
Ohren:	Die Ohren sind fleischig und am Ende gut abgerundet.
Fellhaar:	Das Fell ist mittellang mit dichter Unterwolle und gleichmäßiger Begrannung.

Deckfarbe, Abzeichen, Unterfarbe

Deckfarbe:	Anerkannt ist nur der braune Farbenschlag in heller bis mittlerer Abtönung. Nicht zugelassen sind die dunklen, fast einfarbigen Tiere. Die Deckfarbe ist von einem lichten Braun, das nach den Flanken und Seiten lichter verläuft. Hinterpartie und Schulter sind etwas dunkler.
Augen:	Die Augen sind braun und leicht rot durchleuchtend.
Krallen:	Die Krallen sind dunkelhornfarbig.
Abzeichen:	Über den Rücken soll sich ein 8–10 cm breiter dunkler Streifen hinziehen, der seitlich nicht scharf abgegrenzt ist. Die Maske ist dunkel und verläuft, jedoch nicht scharf abgegrenzt, etwa in Augenhöhe aus.
Unterfarbe:	Bläulich, sie passt sich der Deckfarbe an und ist an den helleren Körperstellen heller, im Bereich der Abzeichen dunkler.
	L. F.: Etwas gestreckter Rumpf, mangelnde Proportionen des Rumpfes. Wenig behaarte Ohren, Deckfarbe etwas dunkel, fleckige Deckfarbe, leichte Durchsetzung mit weißen Haaren. Unvollständiger Rückenstreifen. Große, über die Augenhöhe reichende Maske. Schwache, verschwommene Abzeichen, unreine, durchsetzte Unterfarbe.
	S. F.: Zu sehr gestreckter Rumpf, ganz dunkle Deckfarbe, starker Rost, stark weiß durchsetzte Deckfarbe, sichtbare weiße Flecken, andere als die vorgeschriebene Augenfarbe, zweierlei oder weiße Krallen. Gänzlich dunkler Kopf und Ohren, Fehlen der dunklen Abzeichen, stark unreine oder weiße Unterfarbe.

Allgemeines

Die Rasse ist als züchterisch schwierig einzustufen, weil die Ausstellungstypen spalterbig sind. Aus der Paarung zweier typischer Ausstellungsmarder fallen neben etwa 50 % Typenmardem auch noch etwa 25 % fast schwarze Dunkelmarder und etwa 25 % Russen oder Albinos. Dennoch ist die Rasse sicherlich eine Aufgabe, an der ein Züchter zeigen kann, wie gut er ist, weil hier doch viel Fingerspitzengefühl und Pioniergeist erforderlich sind.

Neuzüchtung

Zurzeit sind Züchter mit der Herauszüchtung der Großen Marderkaninchen, blau, befasst. Teilweise werden schon recht ansprechende Tiere gezeigt. Jedoch sollten sich mehr Züchter mit diesem attraktiven Farbenschlag befassen und diesen auch auf den Großschauen zeigen. Das ist eine wichtige Voraussetzung für die Anerkennung des Farbenschlages.

1,0 Kalifornier, schwarz-weiß (S. Sturm, Wetzlar). *Foto: B & S Fotostudio*

Kalifornier (Kal)

Zuchtziel

Die guten Nutzeigenschaften werden in dem gedrungenen, breiten Masttyp deutlich. Die Rasse eignet sich bedingt für Ausstellungszwecke; dies beweisen die großen Schauen bis heute. Die Tiere werden vorwiegend zur Erzeugung von Jungmastkaninchen und als Ausgangsrasse für Gebrauchskreuzungen in den Großmästereien gehalten.

Geschichtliches

Die Kalifornier kommen aus Kalifornien und wurden als ausgesprochene Wirtschaftsrasse seit 1923 erzüchtet. Ihre Ahnen sollen Russen, Chinchillakaninchen und Weiße Neuseeländer sein. Die ersten Tiere wurden 1928 ausgestellt; 1939 erfolgte ihre Aufnahme in den amerikanischen Standard. Nach dem Zweiten Weltkrieg fanden die Kalifornier Verbreitung auch in Europa. Der Kreis der Züchter, der sie unter Gesichtspunkten der Ausstellungs- und Rassekaninchenzucht bearbeitet, ist klein geblieben.

Körperform, Typ, Bau, Stellung, Fellhaar

Gewicht:	3–4 kg, Normalgewicht über 4 kg, Höchstgewicht 5 kg.
Form, Stellung:	Gedrungen. Der reichliche Fleischbesatz muss sich dem Betrachter aufdrängen. L. F.: Leichte Abweichungen in der Körperform.
Kopf:	Kurz, kräftig, breite Stirn. L. F.: Schmaler Kopf.
Ohren:	Dem gedrungenen Körper entsprechend kurz, im Gewebe stark, voll abgerundet und gut behaart.
Rumpf:	Schulter, Rücken und Hinterkörper gleich breit und stark bemuskelt, Hinterpartie gut gerundet, Nacken und Hals treten nicht in Erscheinung. L. F.: Langer Hals.
Rücken:	Sehr breit, Rückenlinie leicht gewölbt, geht ansatzlos in den gut gerundeten Hinterkörper über.
Blume:	Kurz, straff am Hinterkörper anliegend.
Läufe:	Kräftig, breit gestellt.
Fellhaar:	Mittellang, mit reichlicher Unterwolle versehen, gut begrannt.
Häsin:	Möglichst wammenfrei, doch ist eine kleine, gut geformte Wamme zugelassen. L. F.: Kleinere Wamme bei jungen, größere Wamme bei älteren Tieren.

Farbe und Zeichnung

Zugelassen sind die Farbenschläge Schwarz-Weiß, Havannafarbig-Weiß und Blau-Weiß.
Die Grundfarbe ist rein weiß. Anflug von Gelb oder Grau ist verpönt. Farbig sind Maske, Ohren, Vorderläufe, Hinterläufe und Blume. Die Zeichnungsfarbe sei möglichst intensiv und rein. Die Augen sind blassrot, die Krallen dunkelhornfarbig. L. F.: Leicht weiß durchsetzte oder etwas unreine Zeichnungsfarbe, kleiner Zeichnungsfleck an der Kehle oder auf der Wamme. S. F.: Weiße Flecken in der Zeichnungsfarbe, schwarze Flecken in der Grundfarbe (ausgenommen ein kleiner Fleck an Kehle oder Wamme), stark durchsetzte Zeichnungsfarbe mit weißen Haaren, starker Rost in der Zeichnungsfarbe.
Die gut abgerundete Maske von länglich runder, ovaler Form bedeckt die Nase, reicht seitlich bis zum Oberkiefer und darf auch den Unterkiefer einfassen. Sie sei nicht zu groß, soll symmetrisch sein und nicht über die Augen reichen. Die Ohrenzeichnung sei an der Wurzel möglichst scharf abgegrenzt. Die Vorderläufe sind farbig bis übers Ellenbogengelenk, die Hinterläufe sind es bis übers Sprunggelenk. Die Blume ist farbig von der Wurzel bis zur Spitze. L. F.: Ungleichmäßige Maske,

etwas Augenrandanflug, nicht scharf abgegrenzte Ohrenansätze. S. F.: Zu große Maske, starke Augenringe.

Allgemeines

Nach dem großen Aufsehen, das die Rasse bei ihrem Erscheinen erregte, ist es um sie still geworden. Schönheitszüchter wissen, dass die dunklen Abzeichen an Läufen und Blume nur schwer zu erreichen sind und, stärker noch als beim Russenkaninchen, ihre Farbintensität nur von kurzer Dauer ist. Allen denen aber, die sich für die Mastkaninchenzucht interessieren, kann das Kalifornier-Kaninchen bestens empfohlen werden, sowohl was ihre Fruchtbarkeit anbelangt als auch, was ihre Mastfähigkeit betrifft.

0,1 Japaner (L. und K. Zaiß, Öhringen). *Foto: B & S Fotostudio*

Japaner (J)

Zuchtziel

Das Zuchtziel ist ein mittelgroßes Kaninchen, das nach Möglichkeit über eine Schachbrettmusterzeichnung verfügen sollte, das heißt, schwarze und gelbe bzw. schwarz- und gelbgeblümte Farbfelder sollten versetzt und gut abgegrenzt auftreten. Angestrebt wird auch der so genannte Spaltkopf mit einer schwarzen und einer gelben Gesichtshälfte und entsprechend versetzter Ohren- und Brusthälftenfärbung. Natürlich sind solche Typen auch heute noch der Ausnahmefall. Daher toleriert der Standard auch Tiere, die von diesem hohen Zuchtziel noch abweichen.

Geschichtliches

Ihr Name sollte die Rasse mit dem Flair der Exotik umgeben; mit Japan hat sie natürlich nichts zu tun. Die ersten Japaner wurden Ende der 80er-Jahre des 19. Jahrhunderts auf der Weltausstellung in Paris gezeigt. Um die Jahrhundertwende gelangten einige Exemplare über England zu uns. Meinungsverschiedenheiten unter den Züchtern über die „ideale“ Zeichnung und Farbe hemmten lange Zeit eine größere Verbreitung der Rasse. Erst als 1911 beschlossen wurde, die weiße Bauchfarbe nicht auszuschließen, ging es aufwärts. Eine kleine, engagierte Gruppe von Züchtern arbeitet intensiv an der Rasse. Eine Arbeit, die durch deutliche Verbesserung der Tiere auch ihre Früchte zeigt. Hauptproblembereiche in der Zucht sind neben Farbe und Zeichnung auch die oft eher mäßigen Körperformen und die sehr dünnen Felle.

Körperform, Typ, Bau, Stellung, Fellhaar

Gewicht:	2,75–3,75 kg, Normalgewicht über 3,75 kg, Höchstgewicht 4,5 kg.
Form, Stellung:	Eher gedrungen als gestreckt, mittelhohe Stellung. Gewünscht wird der Eindruck eines wohlproportionierten, fleischigen Kaninchens.
Kopf:	Kräftig, mit breiter Stirn und gefüllten Backen.
Ohren:	Entsprechend der Körpergröße, v-förmig getragen, fleischig, gut behaart.
Rumpf:	Walzenförmig, d. h. vorne und hinten, auch von oben betrachtet, gleich breit, Brust und gut gerundete Hinterpartie breit, ohne sichtbaren Hals.
Rücken:	Breit, Rückenlinie ebenmäßig, Hinterpartie gut gerundet.
Läufe:	Mittellang, kräftig, weder fein- noch grobknochig.
Fellhaar:	Mit etwa 3 cm mittellang, mit dichter Unterwolle und feiner, gleichmäßiger Begrannung. Denn nur auf einem guten Fell tritt das Zeichnungsbild klar in Erscheinung.
Häsin:	In allen Merkmalen etwas feiner gebaut als der Rammler, der Kopf ist zierlicher; Wammenfreiheit ist erwünscht, doch ist eine kleine, wohlgeformte Wamme bei älteren Häsinnen kein Fehler.

Zeichnung und Farbe

Für die Kopf- und Ohrenzeichnung gilt als ideal ein Spaltkopf mit kreuzweise versetzter gelbroter und schwarzer Färbung. Als Rumpfzeichnung wird eine Streifenzeichnung gefordert, durchgehend, oder besser auf der Rückenmitte ein Schachbrettmuster bildend, gegen-

einander versetzt. Es müssen mindestens drei Farbfelder auf jeder Seite vorhanden sein. Die Farbverteilung von Brust und Vorderläufen soll entsprechend der von Kopf und Ohren ebenfalls kreuzweise geteilt und gegeneinander versetzt sein. L. F: Nicht kreuzweise geteilte, gefleckte oder geblümte Kopf- und Ohrenzeichnung. Große Farbfelder am Rumpf. S. F.: Völlig durchsetzte, verschwommene Farbfelder. Weniger als 3 Farbfelder auf einer Seite.
Beide Zeichnungsfarben sollen sich, möglichst rein in den Farbfeldern, kontrastreich voneinander abheben. Die gelbe Farbe darf variieren, jedoch ist eine intensive Farbe vorzuziehen. Am Bauch und der Innenseite der Läufe sind weiße Stellen gestattet. Die Augen sind braun, die Krallen sind dunkel- bis hellhornfarbig. L. F.: Unreine, durchsetzte Farben. S. F.: Weiße Flecken an sichtbaren Körperstellen, weiße Abzeichen an Nase und Zehen.

Allgemeines

Züchterisch sind die Japaner neben den spalterbigen Punktschecken sicherlich die schwierigste Rasse. Insbesondere über die Gesetzmäßigkeiten der Vererbung des Zeichnungsmusters und der Farbverteilung ist noch wenig bekannt. Das spricht für viele verschiedene beteiligte Gene mit unterschiedlicher Wirkungsweise. Eine genetische Festigung der Zuchtstämme wird sich nur durch gezielte Inzucht und durch lange, geduldige Züchterarbeit erreichen lassen. Wer Spaß am Tüfteln und Experimentieren hat und die Rassekaninchenzucht in erster Linie aus Spaß am Tier betreibt, sollte unbedingt die Japanerzucht ins Auge fassen.

1,0 Rheinische Schecken (J. Jadischke, Wedemark). *Foto: B & S Fotostudio*

Rheinische Schecken (RhSch)

Zuchtziel

Die Rheinische Schecke ist eines unserer schönsten und am schwierigsten zu züchtenden Kaninchen. Das Augenmerk des Züchters hat vor allem gerichtet zu sein auf Intensität und Reinheit der Farben Schwarz und Gelb (bis Orange), ebenso auf eine rein weiße Grundfarbe. Typ und namentlich Größe seien einheitlich, da vor nicht allzu langer Zeit noch von einigen Landesverbänden unterschiedlich größere bzw. kleinere Tiere bevorzugt worden waren. Die Leistungsmerkmale, die Fellqualität eingeschlossen, gilt es weiter zu verbessern.

Geschichtliches

Josef Heintz, Grevenbroich, Japaner-Züchter, kreuzte eines Tages im Jahre 1901 einen seiner Japaner-Rammler mit einer grau-weiß gescheckten Kreuzungshäsin eines Nachbarn in der Hoffnung, die häufig großflächigen Holländerabzeichen seiner Japaner zu reduzieren. Der Wurf bescherte ihm u. a. eine dreifarbige Häsin, deren Holländerabzeichen schwarz und gelb durchbrochen waren. Sie wurde die Stammmutter der Rheinischen Schecken. Als „Heintz'sche Schecke" wurde sie in der ganzen Gegend schlagartig bekannt. 1905 wurde die Rasse anerkannt. Um 1910 schätzte man den Rassebestand auf etwa 2000 Tiere. Die bekannten Zuchtschwierigkeiten, der Wirtschaftsrassenrummel und der Zweite Weltkrieg dezimierten die Bestände bis auf Reste. Die Rasse besitzt heute einen überraschend großen und sehr fähigen Kreis von Züchtern. Merkmale wie Form und Fell wurden in den letzten Jahren nachhaltig verbessert und auch die Zeichnung der meisten Tiere kann sich durchaus sehen lassen.

Körperform, Typ, Bau, Stellung, Fellhaar

Gewicht:	2,75–3,75 kg, Normalgewicht 3,75 kg und mehr, Höchstgewicht 4,5 kg.
Form, Stellung:	Der Körper ist leicht gestreckt, walzenförmig, mittelhoch gestellt.
Kopf:	Kurz, kräftig, Stirn und Schnauze breit, Backenpartie gut entwickelt, Nasenrücken leicht geramst.
Ohren:	Straff aufgerichtet, fleischig, gut behaart, Länge dem Körper entsprechend.
Rumpf:	Breit, walzenförmig, Seiten gut gefüllt, Bauchlinie gut aufgezogen.
Rücken:	Hinterpartie gut gerundet, Rückenlinie ebenmäßig.
Läufe:	Mittellang, kräftig.
Fellhaar:	Unterwolle dicht, Begrannung gleichmäßig, doch nicht zu lang, Fellhaar mit etwa 3 cm mittellang.
Häsin:	Im Ganzen etwas feiner gebaut als der Rammler und möglichst wammenfrei. Bei älteren Häsinnen ist eine kleine, gut geformte Wamme gestattet.

Farbe

Die Grundfarbe in Deck- und Unterfarbe ist rein weiß. Die Zeichnungsfarben Schwarz und Gelb seien (ohne Grauzonen) rein und nicht mit andersfarbigen Haaren durchsetzt. Die Merkmale der Kopfzeichnung und der Rumpfzeichnung müssen die Farben Schwarz und Gelb besitzen. Die Augen sind braun, die Krallen farblos. L. F.: Vorherrschen einer Zeichnungsfarbe in der Kopf- und Rumpfzeichung, gelblicher Anflug in der Grundfarbe, unreine oder mit weißen Haaren leicht durchsetzte Zeichnungsfarbe. S. F.: Fehlen einer Zeichnungsfarbe in der Kopf- und Rumpfzeichnung (die Backenpunkte ausgenommen), stark unreine, mit weißen Haaren durchsetzte Zeichnung, Fehlen eines Zeichnungsmerkmales.

Zeichnung

Die Kopfzeichnung besteht aus dem Schmetterling, den Augenringen, den Backenpunkten und der Ohrenzeichnung; die Rumpfzeichnung wird gebildet durch Aalstrich und Seitenzeichnung.
Der Schmetterling soll mit vollen Flügeln beidseitig symmetrisch sich bogenförmig bis über die Mundwinkel hinaus erstrecken und seitlich den Unterkiefer schmal einfassen. Auf der Mitte des Nasenrückens befindet sich, gerade und leicht gerundet, der Dorn. L. F.: Gezackter Schmetterling, unschöner Dorn, fleischfarbener Lippenspalt, schwache seitliche Unterkiefereinfassung. S. F.: Unvollständiger Schmetterling wie fehlender Dorn, große Zacken in den Schmetterlingsflügeln u. a., gänzlich fehlende seitliche Unterkiefereinfassung, am Unterkiefer geschlossene Einfassung, weiße Nasenspitze, weißer Lippenspalt, weiße Flecken im Schmetterling.
Die Augenringe seien möglichst geschlossen und gleichmäßig breit. L. F.: Ungleichmäßige oder grobe Augenringe, weiße Flecken in den Augenringen im Bereich des Augenringzackens. S. F.: Nicht geschlossener Augenring, Zusammenhängen eines oder beider Augenringe mit dem Schmetterling oder der Ohrenzeichnung, weiße Flecken im Augenring.
Die Backenpunkte von runder oder ovaler Form sollen frei unter den Augenringen stehen. S. F.: Ein- oder beidseitig anhängender Backenpunkt, Fehlen eines oder beider Backenpunkte, doppelter Backenpunkt ein- oder beidseitig.
Die Ohrenfarbe soll an der Wurzel scharf abgegrenzt sein. L. F.: Unreine Ohrenansätze, unreiner Kopf (Spritzer), mit weißen Haaren leicht durchsetzte Ohrenränder. S. F.: Weiße Flecken in der Ohrenzeichnung.
Der Aalstrich zieht sich, glatt wie ein Pinselstrich mit schwarzer und gelber Färbung, etwa 2 cm breit, gleichmäßig vom Genick bis zur Blumenspitze. L. F.: Gezackter oder ungleichmäßiger Aalstrich, breiter oder schmaler Aalstrich, Unterbrechung des Aalstrichs vom Genick bis zu den Schulterblättern oder vom Ansatz der Blume bis zur hochgelegten Blumenspitze. S. F.: Deutlich sichtbare Unterbrechung des Aalstrichs zwischen den Schulterblättern und der hochgelegten Blumenspitze, weiße Flecken im Aalstrich.
Die Seitenzeichnung wird gebildet von nicht zu großen, frei stehenden Flecken. Etwa 6–8 Seitenflecken auf jeder Seite gelten als ideal. Sie sollen auf Flanken und Schenkeln möglichst gleichmäßig verteilt sein.

Nicht zu berücksichtigen sind etwa vorhandene Flecken an Brust, Bauch, Läufen und der Unterseite der Blume. L. F.: Leicht am Aalstrich anhängende Seitenzeichnung, schwache, volle oder ungleichmäßige Seitenzeichnung, Anlage zur Kettenzeichnung (am Körper ein- oder beidseitig frei stehender Kettenpunkt; Genickpunkte, die weniger als 2 cm vom Aalstrich entfernt sind, gelten nicht als Kettenpunkte), weiße Flecken in der geschlossenen Seitenzeichnung. S. F.: Starkes Zusammenhängen der Seitenzeichnung mit dem Aalstrich, Sattel- oder Mantelzeichnung, mehr als 1 frei stehender Kettenpunkt auf einer Seite, weniger als 3 Seitenflecken auf einer Seite.

Allgemeines

Die Rheinische Schecke ist eine Rasse, der man sich meist um der Kunst des Züchtens willens zuwendet. Zeichnungsanlagen und Dreifarbigkeit bedingen die Schwierigkeit der Zucht. Es gilt als Glücksfall, wenn in einem Wurf einige wenige brauchbare Tiere fallen; doch tröstet ein wirklich gutes Tier über jahrelange Enttäuschungen hinweg. Die Rasse verfügt über einen recht konstanten Züchterkreis. Sie ist vital, robust und wirtschaftlich. Insbesondere gilt es nun, da die Rasse in Bezug auf Form und Fell in den letzten Jahren deutlich verbessert wurde, die Rumpfzeichnung zu verbessern. Bei vielen Tieren stehen die Seitenflecken oft nicht genügend frei, sondern laufen ineinander. Stehen die Seitenflecken jedoch schön frei, so ist dann oft der Aalstrich zu bemängeln, weil dieser recht schmal wird. Doch Geduld und züchterisches Können zahlen sich aus, wie der beachtliche Qualitätsstand in einer ganzen Reihe langjährig erfolgreicher Spitzenzuchten bei dieser Rasse beweist.

1,0 Thüringer (H. Beck, Differtsen). *Foto: B & S Fotostudio*

Thüringer (Th)

Zuchtziel

Gewünscht wird ein kurzes, gedrungenes Tier mit starkem Kopf und kurzen, fleischigen Ohren in der klassischen Gelb-Nichtwildfarbe. Viele Thüringer zeigen außerordentliche Frohwüchsigkeit. Idealtiere dunkeln auch beim Altern kaum nach.

Geschichtliches

Der Bürgerschullehrer David Gärtner aus Waltershausen/Thüringen begann in den 90er-Jahren des 19. Jahrhunderts, den Wirtschaftswert von Schwarzsilber- und Russenkaninchen mithilfe eines grauen Lothringer-Riesen-Rammlers zu erhöhen. 1896 hatte er 7–9-pfündige Tiere mit ausgesprochenem Widdertyp. Anlässlich der Drachenfelsschau 1900 bei Leipzig stellte er seine Großsilber und Großrussen aus; sie wurden abgelehnt. Wenig später entdeckte Gärtner in einem Wurf ein „gemsfarbiges" Tier; die „Thüringer Gemse", das „Chamois-Kaninchen", war geboren. 1900 gründete Gärtner einen Zuchtverein; er wurde 1905 durch den von Emil Piegsa gegründeten 1. Chamois-Rasseklub ersetzt. Den Thüringern blieb lange Zeit eine gediegene Förderung versagt. Der Status einer Wirtschaftsrasse wurde ihr aberkannt, noch 1953 galt sie als vielfach unbekannt. Heute rangiert sie in der Nähe der Spitzenrassen. Leider ist die Bewertung auch heute noch recht uneinheitlich. Obwohl der Standard eindeutig einen mittleren Farbenschlag bevorzugt, gibt es noch Züchter und Preisrichter, die den dunklen vorziehen, obwohl seine Tiere in der Regel so stark nachdunkeln, dass keine differenzierten Abzeichen mehr erkennbar sind. Außerdem tendieren diese reichlich dunklen Tiere recht häufig zu bläulicher Rückenunterfarbe.

Körperform, Typ, Bau, Stellung, Fellhaar

Gewicht:	2,5–3,5 kg, Normalgewicht 3,5 kg und mehr, Höchstgewicht 4,25 kg.
Form, Stellung:	Körper breit, gedrungen, bemuskelt, Stellung gut mittelhoch.
Kopf:	Kurz, breit, Schnauzpartie gut entwickelt.
Ohren:	Straff aufrecht getragen, fleischig, gut behaart, oben gut abgerundet, Länge dem Körper entsprechend.
Rumpf:	Breit, walzenförmig, Brust und Hinterpartie gleichmäßig breit, Flanken gut gefüllt; Hals und Nacken treten kaum in Erscheinung.
Rücken:	Hinterpartie schön abgerundet, Rückenlinie geschwungen.
Läufe:	Mittellang, kräftig.
Fellhaar:	Etwa 3 cm lang, Unterwolle äußerst dicht, Begrannung gleichmäßig, jedoch nicht zu grob.
Häsin:	Insgesamt etwas feiner als der Rammler, Kopf schnittiger, keineswegs aber spitz. Möglichst wammenfrei. Bei älteren Häsinnen ist eine kleine, gut geformte Wamme zulässig.

Farbe und Abzeichen

Die Deckfarbe wird sattgelbbraun gewünscht. Über das Deckhaar breitet sich dunkelbraun gespitztes Grannenhaar wie ein rußartiger Schleier. Die Bauchfarbe ist rußartig dunkel. Leichte Abweichungen der Deckfarbe nach Hell oder Dunkel sind gestattet; doch sind Tiere mit der mittleren Farbe vorzuziehen. L. F.: Leichte Durchsetzung der Deck-

farbe mit weißen Haaren, schwacher Rußanflug. S. F.: Gänzlich dunkler Kopf, starke Durchsetzung mit weißen Haaren, sichtbare weiße Flecken in der Deckfarbe, fehlender Rußanflug auf dem Rücken.
Abzeichen: Die möglichst symmetrische Maske auf dem Nasenrücken, die nicht über die Augenhöhe reichen darf, ist rußartig, jedoch nicht scharf abgegrenzt. Dunkelrußfarbig und ebenfalls nicht scharf abgegrenzt sind Ohren und Läufe. Die Augen sind dunkel eingefasst, dunkel sind die Kinnbacken. Die dunkle Blume läuft in einer hellen Spitze aus. An den Seiten zieht sich bis zu den Hinterschenkeln ein breiter, rußartiger Streifen; er ist für Ausstellungs- und Zuchttiere umso wertvoller, je deutlicher er in Erscheinung tritt. Er sollte jedoch nicht schwarz sein. Die Augen sind braun, die Krallen dunkelhornfarbig. L. F.: Unklare, verwaschene Abzeichen, etwas dunkler Kopf. S. F.: Fehlende Abzeichen.
Die Unterfarbe ist auf dem Rücken kräftig gelbrot, rein und soll tief bis zum Haarboden reichen. Sie ist an den dunklen Körperstellen cremefarben. L. F.: Schmale oder unreine, leicht durchsetzte Unterfarbe. S. F.: Blaue Unterfarbe auf dem Rücken, stark durchsetzte Unterfarbe.

Allgemeines

Das Thüringer Kaninchen ist in hohem Maße wirtschaftlich, vor allem aber robust und frühreif. Es besitzt, nicht zuletzt durch Farbe und Abzeichen, eine Reihe interessanter Rasseeigentümlichkeiten. Das Fell liefert unveredelt hervorragendes Pelzwerk. Die Farbe unterliegt den Einflüssen der Temperatur analog zur Kälteschwärzung des Russenkaninchens. Das Fell wird bei wechselnder Witterung relativ schnell fleckig, mit dem Altern dunkeln die Tiere oft deutlich nach. Sie verlieren dann wohl an Ausstellungs-, nicht aber an Zuchtwert. Ein verlässliches Urteil über ein Thüringerkaninchen gestattet nur ein völlig durchgehaartes Fell.

1,0 Weißgrannen, blau (H. Bonnenberg, Kassel). *Foto: B & S Fotostudio*

Weißgrannen (WG)

Zuchtziel

Zuchtziel ist ein gedrungenes, walzenförmiges Kaninchen mit der Weißgrannenfärbung, die genetisch eine Kombination von Chinchilla- und Lohfaktor darstellt.

Geschichtliches

Weißgrannenkaninchen waren als Silberfuchsersatz in den 20er- und 30er-Jahren des 20. Jahrhunderts in Europa bekannt geworden. Die heutigen Tiere sind Nachfahren eines Überraschungserfolges der Züchterin Käthe Geißler, Bad Klosterlausnitz/Thüringen, die im Mai 1949 in einem KlCh-Wurf ein völlig schwarzes Jungtier-Paar vorfand, das sich im Laufe seiner Entwicklung mit weißen Lohabzeichen und einer schönen weißen Begrannung präsentierte. Beide wurden die Stammeltern der Rasse.

Die ersten Tiere stellte Käthe Geißler 1951 in Gera der Öffentlichkeit vor. Anlässlich der DDR-Schau 1952 erhielten bereits 8 von 9 Tieren die Note „brauchbar". Von da an wurde die Rasse mehrmals nach Westdeutschland eingeführt. 1962 in Hannover erfolgte ihre Anerkennung durch die Standardkommissionen von Ost und West. Unglücklicherweise wurden zwischendurch Silberkaninchen eingekreuzt, um zu einer gleichmäßigen Verteilung der weißen Grannenspitzen im gesamten Fell zu kommen. Als man merkte, dass das genetisch nicht machbar war, stellte man den Standard wieder um auf ungesilberte Tiere. Die Rasse besitzt inzwischen einen Stammplatz auf unseren Schauen.

Körperform, Typ, Bau, Stellung, Fellhaar

Gewicht:	2,5–3,5 kg, Normalgewicht 3,5 kg und mehr, Höchstgewicht 4,25 kg.
Form, Stellung:	Gewünscht wird eine gedrungene Form und eine mittelhohe Stellung.
Kopf:	Kurz, Stirn- und Schnauzpartie breit, Backen voll entwickelt.
Ohren:	In der Länge harmonisch zum Körper passend, straff aufgerichtet getragen, fleischig, löffelförmig abgerundet, gut behaart.
Rumpf:	Walzenförmig, Brust breit, Hinterpartie voll und gut gerundet, Hals und Nacken wenig sichtbar.
Rücken:	Rückenlinie ebenmäßig.
Läufe:	Mittellang, kräftig.
Fellhaar:	Mittellang, mit dichter Unterwolle, am gesamten Körper gleichmäßig begrannt; die Grannen seien gleichmäßig lang. L. F.: Schwache Begrannung.
Häsin:	Sie besitzt insgesamt einen etwas feineren Körperbau; sie sei möglichst wammenfrei. Bei älteren Häsinnen ist eine kleine, gut geformte Wamme zulässig.

Farbe und Abzeichen

Anerkannt sind die Farbenschläge Schwarz, Blau und Braun (= Havannafarbig).

Die Deckfarbe des gesamten Oberkörpers, auch von Kopf, Ohren und Läufen, sei intensiv und tief glänzend. Bauchdecke, Innenseiten der Läufe und Unterseite der Blume sind weiß, dunkel getönt sind die Schoßflecken am Bauch. Die Augen sind bei den Farbenschlägen

Schwarz und Braun dunkelbraun, bei den Blauen blaugrau. Die Krallen sind bei allen Farbenschlägen dunkel. L. F.: Mit weißen Haaren durchsetzte Deckfarbe an Oberkörper, Kopf und Ohren, leichter Rostanflug. S. F.: Stark durchsetzte Deckfarbe am Oberkörper (Silberung), sichtbare weiße Büschel in der Deckfarbe, starker Rost.
Als Abzeichen gelten – klar abgegrenzt – die weiß eingefassten Nasenlöcher, die weißen Augenringe, die weiße Einfassung der Kinnbacken und Ohren sowie die weißen Flecken vorne am Ohrenansatz. Der silbergraue bis weiße Keil im Nacken soll nicht zu groß sein, die Innenseiten der Hinterläufe sind weiß, die Zehen der Vorderläufe heben sich als helle bis weiße Punkte von der dunklen Deckfarbe ab. Möglichst bis zur Rumpfmitte sollen lange, weiß gespitzte Grannenhaare an den Seiten hochreichen; sie sollen das Deckhaar deutlich überragen und gleichmäßig verteilt sein. Je ausgeprägter die langen, weiß gespitzten Grannen in Erscheinung treten, desto wertvoller ist das Tier. L. F: Ungleichmäßige Verteilung der weißen Grannenspitzen, schwache Einfassung der Nasenlöcher, melierte Schnauze, ungleichmäßig geformte Augenringe, schwache Kinnbackeneinfassung. S. F: Insgesamt zu schwach ausgeprägte Abzeichen, fehlende Augenringe oder Ohreneinfassung.
Die Unterfarbe ist bei allen Farbenschlägen blau bis dunkelblau und rein, auch die Bauchunterfarbe. L. F.: Helle oder durchsetzte Unterfarbe. S. F.: Völliges Fehlen der Bauchunterfarbe.

Allgemeines

Die Rasse ist vital, frohwüchsig und futterdankbar. Unter ihren Freunden gilt sie als eines der schönsten Farbenkaninchen. Pelzwaren aus Weißgrannen-Fellen in Natur sind eine Augenweide. Im Alter von 12 bis 14 Wochen ist die Qualität der Abzeichen teilweise bereits recht gut zu erkennen – als brauner Schimmer übrigens auch Rost, der oft jedoch nur durch direkte Sonneneinstrahlung verursacht wird.

1,0 Hasenkaninchen, rotbraun (S. Janke, Oberndorf). *Foto: B & S Fotostudio*

Hasenkaninchen (Ha)

Zuchtziel

Angestrebt wird die extreme Schlankform, optisch unterstützt durch die hohe, feldhasenähnliche Stellung und das sehr kurze Fell. Als Idealfarbe wird eine rotbraune, kräftig schattierte Wildfarbe mit lohfarbigen Wildfarbigkeitsabzeichen, nach ebendieser Rasse „Hasenfarbe" genannt. Die Rasse ist extrem wirtschaftlich, vital und lebhaft.

Geschichtliches

Die Heimat der Rasse ist Belgien. Doch waren es englische Züchter, die den heutigen Typ des Hasenkaninchens erzüchteten. Dank seiner Verbindungen gelang es Dr. E. Poppe, dem Herausgeber der einstigen Zeitschrift „Leipziger Kaninchenzüchter“, erste Importe zu veranlassen, denn die Rasse bedeutete in Europa und in den USA eine Sensation. Anlässlich der Leipziger Weltschau im Jahre 1900 erregten einige ausgestellte Tiere Aufsehen. Die Gründung zahlreicher Klubs war die Folge. Der bekannteste war wohl „Der alte Dessauer“ mit seinem ehemaligen Vorsitzenden Heinrich Hansen. Heute ist die Rasse zumindest in ihren Hochburgen eine der Besten überhaupt. Lediglich hoch stehende Hüftknochen stören hier manchmal noch das positive Bild. 1994 wurde neben dem rotbraunen auch der albinotisch-weiße Farbenschlag anerkannt.

Körperform, Typ, Bau, Stellung, Fellhaar

Gewicht:	2,5–3,5 kg, Normalgewicht 3,5 kg und mehr, Höchstgewicht 4,25 kg.
Bau, Stellung:	Lang gestreckt, schnittig, extrem hoch gestellt. Ein Bauch tritt kaum in Erscheinung. L. F: Etwas tiefe Stellung. S. F.: Plumper, massiger Körperbau, stark eingefallene Weichen.
Kopf:	Markant, länglich, doch edel geformt, der Hals tritt im Gegensatz zu anderen Rassen deutlich in Erscheinung. L. F: Kurzer, runder Kopf.
Ohren:	In der Länge dem Hasentyp entsprechend, nicht zu kurz, gut aufgesetzt, sehr beweglich, dünnfleischig und gut behaart. L. F.: Kurze, fleischige Ohren.
Rumpf:	Schlank, elegant, mit frei und hoch getragener Brust und einer feinen Halspartie; die Lendenpartie ist schön abgerundet.
Rücken:	Fein gewölbt.
Blume:	Gerade, etwas länger als bei den übrigen Rassen, am Hinterkörper gut anliegend getragen. Da die Rasse sehr lebhaft ist, gilt eine hin und her schlagende Blume nicht als Fehler.
Vorderläufe:	Fein, recht lang (18 bis 21 cm), gerade aufgesetzt. L. F.: Etwas kurze oder starke Läufe. Durchtreten der Läufe. S. F.: Zu kurze oder zu grobe Läufe, starkes Durchtreten.
Hinterläufe:	Ebenfalls lang und schmal, parallel zum Körper.
Fellhaar:	Knapp mittellang und reichlich begrannt, gute Dichte.
Häsin:	Zierlicher und feinknochiger als der Rammler: Kopf deutlich schnittiger, Läufe edler, möglichst wammenfrei. L. F.: Wammenansatz. S. F.: Wamme.

Farbe

Anerkannt sind die Farbenschläge Weiß RA und Rotbraun. Die Farbe der weißen Tiere soll am ganzen Körper weiß sein, die Augen sind blassrot, die Krallen sind farblos. Die Deckfarbe der Hasenkaninchen (hasenfarbig) wird kräftig rotbraun und leuchtend verlangt und soll bis auf die Flanken herabreichen. Die Farbe von Brust und Vorderläufen soll mit der Deckfarbe identisch sein, jedoch ohne Schattierung. Dagegen soll die flockige Schattierung auf dem Rücken besonders auffallend in Erscheinung treten. Die Schattierung entsteht durch das büschelweise Zusammenstehen schwarz gespitzter Grannenhaare. Die Oberseite der Blume ist schwarz, kräftig rotbraun schattiert. Kinn, Bauchfarbe und Unterseite der Blume sind lohfarbig getönt, die Ohren lackschwarz gerändert. Die Augen sind dunkelbraun, die Krallen sind schwarzbraun. L. F.: Wenig Schattierung, etwas helle Seiten und Schenkel, leichte Durchsetzung der Deckfarbe mit weißen Haaren, schwach geränderte Ohren, sehr helle Kinnbackeneinfassung, sehr helle Hinterläufe, weiße Unterseite der Blume. S. F: Sandgelbe oder graue Seiten, stark durchsetzte Deckfarbe, sichtbar weiße Flecken in der Deckfarbe, gänzlich fehlende Schattierung.
Die Zwischenfarbe ist breit und leuchtend orangerot bis rostbraun. Die nicht zu breite Unterfarbe (sie erfasst etwa $^{1}/_{3}$ der Haarlänge) ist blau. Die Bauchunterfarbe ist sattlohfarbig, lediglich auf der Brust und im Schoß soll sie blau sein. L. F.: Etwas helle oder durchsetzte Unterfarbe, schwache Bauchunterfarbe im Brust- und Schoßbereich. S. F.: Fehlende Zwischenfarbe, stark unreine, verwaschene Unterfarbe. Fehlende Unterfarbe im Brust- und Schoßbereich.

Allgemeines

Die Rasse besticht durch ihre außerordentliche Lebhaftigkeit. Ihr hat der Züchter durch die entsprechende Größe der Buchten Rechnung zu tragen. Früher wurde häufig noch propagiert, die hohe Stellung sei den Tieren mittels Dressur beizubringen. Natürlich ist die Stellung eine Eigenschaft, die der Vererbung unterliegt, vorausgesetzt, dass die Läufe anatomisch in Ordnung sind. Daher ist besonderer Wert darauf zu legen, dass nur Tiere mit geraden Läufen – die weder zu X- noch zu O-Beinen und erst recht nicht zum Durchtreten neigen – in der Zucht Verwendung finden. Hasenkaninchen sind sehr fruchtbar, mütterlich und frohwüchsig. Sie haben ein ausgesprochen günstiges Ausschlachtungsverhältnis, zeigen ein sehr feinfaseriges, fettarmes Muskelfleisch. Daher sind sie trotz der Schlankform eine der besten Wirtschaftsrassen.

Neuzüchtung

Zurzeit sind Hasenkaninchen, lohfarbig schwarz, als Neuzüchtung in Bearbeitung. Von diesen wurden auf der 27. Bundeskaninchenschau in Nürnberg 2005 immerhin 48 Tiere ausgestellt, die recht unterschiedliche Qualität zeigten. Immerhin erreichten schon rund 40 Prozent der Tiere die Note sehr gut. Hauptproblem scheint züchterisch noch die Intensität der Brustlohe zu sein. Wie intensiv und wie schnell die Brustlohe angezüchtet werden kann, ist zurzeit noch nicht absehbar. Hier sollte auch einmal mit anderen europäischen Zuchten verglichen werden. Wenn dieses Problem gelöst ist, dürfte die Anerkennung der Rasse nicht mehr lange auf sich warten lassen.

1,0 Alaska (P. Krill, St. Ingbert). *Foto: B & S Fotostudio*

Alaska (Al)

Zuchtziel

Absicht der Erzüchtung der Rasse war ein schwarzes Kaninchen mittlerer Größe, das in seiner Farbe dem des Alaskafuchses möglichst ähneln sollte.

Geschichtliches

Sie ist eine verhältnismäßig junge Rasse, war sie doch erst um das Jahr 1907 erzüchtet worden. Rein schwarze Kaninchen fielen damals immer wieder in den Würfen von DR, DW und Schecken. Dagegen ist die Farbe des Alaskakaninchens rein, fest und intensiv schwarz und wird rein vererbt. Die Rasse ist dem Altmeister der deutschen Kaninchenzucht, Max Fischer, Gotha, zu verdanken. Ungefähr zur gleichen Zeit erschien das Alaskakaninchen auch in der Schweiz (1908) durch Friedrich Joppich, dessen Tiere aus einfarbigen schwarzen Tieren der Englischen Schecken stammten. Heute ist sie eine der führenden Kaninchenrassen mit Tieren mit Spitzenzuchten, deren Tiere kaum noch Wünsche offen lassen. In manchen Zuchten sind jedoch bei einem Teil der Tiere die Blumen stark verkürzt – ein Fehler, der mehr Beachtung verdient.

Körperform, Typ, Bau, Stellung, Fellhaar

Gewicht:	2,2–3,25 kg, Normalgewicht 3,25 kg, Höchstgewicht 4 kg.
Form, Stellung:	Breit, gedrungen, blockig, dennoch schön und von ästhetischem Reiz. Kräftige Läufe sollten dem Körper eine knapp mittelhohe Stellung geben.
Kopf:	Kurz, Stirn und Schnauze breit, Backen ausgeprägt, keine tief liegenden Augen.
Ohren:	Straff aufgerichtet, fleischig, oben voll gerundet, gut behaart, in der Länge dem gedrungenen Körper entsprechend.
Rumpf:	Walzenförmig, gut bemuskelt, schön gerundet, Brust und Hinterpartie breit, Blume nicht verkürzt.
Rücken:	Hinten gut abgerundet, Rückenlinie ebenmäßig.
Läufe:	Kräftig, mittellang.
Fellhaar:	Dicht in der Unterwolle, fein, gleichmäßig begrannt, nicht zu lang. L. F.: Über 3 cm langes Fellhaar.
Häsin:	Im Ganzen etwas feiner gebaut als der Rammler, möglichst wammenfrei.

Farbe

Deckfarbe satt, glänzend tiefschwarz, sich über den ganzen Körper gleichmäßig erstreckend, am Bauch ist sie etwas matter. Augen dunkelbraun, Krallen schwarzbraun. L. F.: Matte, glanzlose Farbe, leichte Abweichungen in der Farbe, leicht grauer oder Rostanflug, leichte Durchsetzung mit weißen Haaren. S. F.: Stark grau melierte Deckfarbe, starker Rost, stark rostige Flecken am Oberkörper, starke Durchsetzung mit weißen Haaren, sichtbar weiße Flecken in der Deckfarbe. Unterfarbe dunkelblau, je intensiver, desto besser. L. F.: Etwas helle oder durchsetzte Unterfarbe. S. F.: Stark unreine, durchsetzte Unterfarbe, weiß an der Haut abgesetzte Unterfarbe.

Allgemeines

Eine Landwirtschaftskammer zählte das Alaskakaninchen früher zu den Wirtschaftsrassen. Im 3. Reich wurde dieses Prädikat aberkannt. Es hat heute erneut einen treuen Züchterkreis. Es ist nicht einfach, die Rasse auf dem Höchststand zu halten. Degenerationserscheinungen am Skelett sowie Zahnanomalien sollten beachtet werden, besonders stark verkürzte Blumen. Kopfstärke sollte nicht durch Längerzüchten der Fellhaare vorgetäuscht werden.

1,0 Havanna (A. Käfer, Höhfröschen). *Foto: B & S Fotostudio*

Havanna (Hav)

Zuchtziel

Zuchtziel ist ein gedrungenes, mittelgroßes Kaninchen mit einer satten, glänzenden, dunkelbraunen Farbe.

Geschichtliches

Die Havanna gehen auf braun-weiße Schecken zurück. Die ersten dieser Tiere waren 1899 in dem holländischen Dorf Ingen bei Utrecht gefallen. Zu Beginn des 20. Jahrhunderts wurde die Rasse auch in der Schweiz bekannt. 1906 zeigte A. Ries aus Biel einige seiner Tiere zum ersten Mal der Öffentlichkeit. Die Nachfrage nach diesen kastanienbraunen Kaninchen war sehr groß; allerdings waren sie in Größe, Form und Farbe sehr unterschiedlich. Um einer größeren Gleichheit willen gründete Kemp, Grevenbroich, den 1. deutschen Havannazüchter-Klub. Er erarbeitete einheitliche Zuchtrichtlinien und erreichte die

Anerkennung der Rasse. Heute sind die Havannakaninchen zahlenmäßig und qualitativ leicht überdurchschnittlich verbreitet, vom Alaskakaninchen jedoch in Bezug auf beides teilweise noch weit entfernt.

Körperform, Typ, Bau, Stellung, Fellhaar

Gewicht:	2,25–3,25 kg, Normalgewicht 3,25 kg und mehr, Höchstgewicht 4 kg.
Form, Stellung:	Gedrungen, blockig, gut bemuskelt.
Kopf:	Kurz, Stirn- und Schnauzpartie breit.
Ohren:	Dem Körper entsprechend, fleischig und gut behaart.
Rumpf:	Brust und gut gerundete Hinterpartie breit, blockig.
Rücken:	Hinten gut abgerundet, Rückenlinie ebenmäßig.
Läufe:	Kräftig, mittellang.
Fellhaar:	Mit reichlicher Unterwolle versehen und gleichmäßig fein begrannt.
Häsin:	Bau insgesamt etwas feiner. Bei älteren Häsinnen ist eine kleine, gut geformte Wamme zulässig.

Farbe

Die Deckfarbe ist intensiv dunkelbraun, glänzend – je satter, desto besser. Die Farbe ist am ganzen Körper gleichmäßig, auch an Kopf und Ohren; etwas matter ist lediglich die Bauchdeckfarbe. Die Augen sind braun, rot durchleuchtend, die Krallen dunkelhornfarbig. L. F.: Leicht grau melierter Anflug in der Deckfarbe, etwas aufgehellte, glanzlose Deckfarbe, leichte Durchsetzung mit weißen Haaren, geringer Rostanflug, etwas hellere Brust. S. F.: Stark reifartige, grau melierte Deckfarbe, starke Durchsetzung mit weißen Haaren, sichtbare weiße Flecken in der Deckfarbe, starker Rost, völlig helle Brust. Die Unterfarbe ist blau und hat bis zur Haarwurzel zu reichen; je intensiver, desto besser. Genetisch bedingt ist sie heller als bei schwarzen und schwarzwildfarbigen Kaninchen. L. F.: Hellere oder durchsetzte Unterfarbe. S. F.: Stark unreine, stark durchsetzte Unterfarbe, weiße Unterfarbe am Haarboden.

Allgemeines

Die Farbe der Havanna ist am schönsten nur im ersten Jahr; mit zunehmendem Alter treten Farbmängel auf. Die Tiere sind vor Sonneneinwirkung zu schützen, da sie unter Einfluss der UV-Strahlung sehr schnell Rost in der Decke zeigen. Auch hier sind Tiere für die Zucht am wertvollsten, die Deck- und Unterfarbe lange behalten und bei denen die Einwirkung der Umwelteinflüsse nicht so stark zu Tage tritt. Übertriebene Anforderungen an die Unterfarbe entspringen mangelhaften Kenntnissen der Genetik. Wegen der pigmentverdünnenden Wirkung am gesamten Haar durch den Havannafaktor kann diese gar nicht dunkler als hell- bis mittelblau sein. Nach einer langen Durststrecke nimmt die Verbreitung der Rasse seit einigen Jahren wieder zu. Mittlerweile gibt es in einer Reihe von Zuchten auch ganz hervorragende Tiere.

Abteilung III – Kleine Rassen

1,0 Kleinschecken, schwarz-weiß (D. Heuschele, Öhringen). *Foto: B & S Fotostudio*

Kleinschecken (KlSch)

Zuchtziel

Zuchtziel war die Schaffung einer Rasse „mit den Zeichnungsmerkmalen der DRSch, jedoch wesentlich kleiner und leichter" (A. Hirt, DKZ 14/1978). Es galt, die Rassemerkmale namentlich der Größe, Form und Fellqualität zu festigen – bei einer so jungen Rasse eine keineswegs einfache Aufgabe. Wenige Jahre nach der Anerkennung wurde dank intensiver Züchterarbeit bei den Kleinschecken bereits weitgehend das Zuchtziel erreicht. Wegen ihrer handlichen Größe wurden sie besonders für die Scheckenfreunde interessant, die wegen ihrer räumlichen Gegebenheiten keine Deutschen Riesenschecken züchten konnten.

Geschichtliches

Die Rasse stammt von Importtieren der Tschechischen Schecke ab. In Deutschland baute Arnold Hirt, Dauchingen – ab 1972 – zwei parallele

Linien aus DRSch und ESch auf. Die bestgezeichneten Tiere der einen Linie kreuzte er mit den formbesten der anderen. Anlässlich der 11. Bundeskaninchenschau 1974 in Stuttgart stellte er 4 Tiere zur Schau; 2 erhielten sg, 2 g. Weitere Züchter, unter ihnen Dieter Rapp, Deißlingen, stellten sich Hirt zur Verfügung. Die 8. Landesschau 1976 in Stuttgart zeigte 7 Tiere der neuen Rasse; das Interesse wurde allgemein. Der endgültige Durchbruch aber gelang durch die Einkreuzung Tschechischer Schecken. 1977 wurde die Rasse anerkannt. Ihr wird eine große Zukunft vorhergesagt.

Körperform, Typ, Bau, Stellung, Fellhaar

Gewicht:	2,5–3,0 kg, Normalgewicht 3,0 kg und mehr, Höchstgewicht 3,75 kg.
Form, Stellung:	Gedrungen, Fleischansatz sichtbar, Stellung mittelhoch. L. F.: Schmaler, nach vorn verjüngter Körper. S. F.: Vollständige Abweichung vom geforderten Typ.
Kopf:	Kurz, kräftig, Stirn und Schnauze breit, Backenpartie gut entwickelt.
Ohren:	In der Länge mit dem Körper harmonierend, straff aufgerichtet, fleischig, gut behaart.
Rumpf:	Walzenförmig, breit, Flanken gut gefüllt, Hinterpartie schön abgerundet; Kopf dicht am Rumpf aufgesetzt. L. F.: Lose Schultern.
Rücken:	Breit, Rückenlinie ebenmäßig, Becken gut gerundet
Läufe:	Mittellang, kräftig.
Fellhaar:	Unterwolle dicht, fein, Begrannung nicht zu lang, gleichmäßig.
Häsin:	Insgesamt feiner als der Rammler, möglichst wammenfrei. Bei älteren Häsinnen ist eine kleine, wohlgeformte Wamme zugelassen.

Farbe und Zeichnung

Anerkannt sind die Farbenschläge Schwarz-Weiß, Blau-Weiß und Havannafarbig-Weiß.

Die Grundfarbe (in Deck- und Unterfarbe) ist rein weiß. Die jeweilige Zeichnungsfarbe ist intensiv, rein und nicht mit andersfarbigen Haaren durchsetzt. Die Augen sind bei den schwarz-weißen Tieren braun, bei den havannafarbig-weißen Tieren braun, rot durchleuchtend, und bei den blau-weißen Tieren blaugrau. Die Krallen sind bei allen Far-

1,0 Kleinschecken, blau-weiß (J. Braun, Neuhausen). *Foto: B & S Fotostudio*

1,0 Kleinschecken, hav.-weiß (R. Rettenmaier, Schw. Hall). *Foto: B & S Fotostudio*

benschlägen farblos. L. F.: Gelblicher Anflug in der Grundfarbe, unreine oder mit weißen Haaren leicht durchsetzte Zeichnungsfarbe. S. F.: Stark unreine, mit weißen Haaren durchsetzte Zeichnungsfarbe.
Die Zeichnungsanlagen unterteilt man in Kopf- und Rumpfzeichnung. Die Kopfzeichnung besteht aus dem Schmetterling, den Augenringen, den Backenpunkten und der Ohrenzeichnung, die Rumpfzeichnung aus dem Aalstrich und der Seitenzeichnung.
Der Schmetterling, der gut ausgeprägt verlangt wird, beginnt auf der Mitte des Nasenrückens mit dem schön abgerundeten Dorn; er breitet sich mit vollen Flügeln symmetrisch auf beiden Seiten bogenförmig über die Mundwinkel aus und fasst den Unterkiefer seitlich schmal ein.
Die Augenringe sind gleichmäßig, breit und gut geschlossen.
Die Backenpunkte sind rund oder oval. Sie sollen frei unter den Augenringen stehen.
Die Ohren sind farbig; die Ohrenzeichnung ist an der Wurzel scharf abgegrenzt. L. F.: Gezackter Schmetterling, unschöner Dorn, fleischfarbener Lippenspalt, schwache seitliche Unterkiefereinfassung, ungleichmäßige, grobe Augenringe, unreiner Ohrenansatz, unreiner Kopf (Spritzer), kleine weiße Flecken in den Augenringen im Bereich des Augenringzackens. S. F.: Unvollständiger Schmetterling, fehlender Dorn, große Zacken in den Schmetterlingsflügeln, völlig fehlende seitliche Unterkiefereinfassung, am Unterkiefer geschlossener Schmetterling, weiße Nasenspitze, weißer Lippenspalt, ein- oder beidseitig anhängender Backenpunkt, Fehlen eines oder beider Backenpunkte, doppelter Backenpunkt ein- oder beidseitig, nicht geschlossener Augenring, Zusammenhänge eines oder beider Augenringe mit dem Schmetterling oder der Ohrenzeichnung, Fehlen eines Zeichnungsmerkmales, weiße Flecken im Schmetterling, in den Augenringen oder in der Ohrenfarbe.
Die Rumpfzeichnung besteht aus dem Aalstrich und den Seitenflecken: Der Aalstrich beginnt am Genick, geht über den Rücken und reicht bis zur Blumenspitze. Er ist etwa 2 cm, jedenfalls aber gleichmäßig breit. Die Seitenzeichnung besteht aus 5–7 frei stehenden Seitenflecken, die einen Durchmesser von etwa 2 cm haben sollen. Flecken an Brust, Bauch, Läufen und der Unterseite der Blume sind nicht zu berücksichtigen. L. F.: Gezackter oder ungleichmäßiger Aalstrich, breiter oder zu schmaler Aalstrich, Unterbrechung des Aalstrichs vom Genick bis zu den Schulterblättern oder vom Ansatz der Blume bis zur hochgelegten Blumenspitze, am Aalstrich leicht anhängende Seitenzeichnung, schwache, volle oder ungleichmäßige Seitenzeichnung, Anlage zur Kettenzeichnung (ein- oder beidseitig des Körpers frei stehender Kettenpunkt; nicht als Kettenpunkte gelten Genickpunkte, die weniger als 2 cm vom Aalstrich entfernt sind), kleine weiße Flecken in der geschlossenen Seitenzeichnung. S. F.: Deutlich sichtbare Unterbrechung des Aalstrichs zwischen den Schulterblättern und der hochgelegten

Blumenspitze, starkes Zusammenhängen der Seitenzeichnung mit dem Aalstrich, Sattel- oder Mantelzeichnung, mehr als 1 frei stehender Kettenpunkt auf einer Seite, weniger als 3 Seitenflecken auf einer Seite, Fehlen eines Zeichnungsmerkmales, weiße Flecken im Aalstrich.

Allgemeines

Eine große Wurfstärke ist wegen der Spalterbigkeit Zuchtziel, weil grundsätzlich damit zu rechnen ist, dass nur knapp die Hälfte der Jungtiere von der Zeichnung her ausstellungsfähig ist.

0,1 Separator (D. Schall, Neuhofen). *Foto: B & S Fotostudio*

Separator (Sep)

Zuchtziel

Zuchtziel ist ein kleines, sandfarbiges Kaninchen. Die Sandfarbe, die sich als eine helle Thüringerfarbe mit fehfarbigem Anflug und fehfarbigen Abzeichen darstellt, hat die Besonderheit, dass sie über alle einfach mendelnden Farbgene in der reinerbigen, rezessiven Form verfügt.

Geschichtliches

Die Idee zur Herauszüchtung der Rasse ist alt und wird bereits von Nachtsheim 1949 beschrieben, der sandfarbige Kaninchen mit und ohne Wildfaktor herausgezüchtet hatte. In der ehemaligen DDR wurde der nichtwildfarbige Farbenschlag von O. Grützmann aus Dessau neu entwickelt und als „Separatorkaninchen" bezeichnet. In Westdeutschland machten sich insbesondere Schmitt, Rodenbach, und Schumann, Asendorf, um die Rasse verdient. Heute, bereits wenige Jahre nach der Anerkennung, zeigt sich die Rasse mit guter Qualität. Lediglich eine stärkere Verbreitung ist ihr zu wünschen.

Körperform, Typ, Bau, Stellung, Fellhaar

Gewicht:	Mindestgewicht 2,5 kg, Normalgewicht 3,0 kg, Höchstgewicht 3,75 kg.
Form:	Der Körper ist gedrungen, walzenförmig. Die Rückenlinie ist ebenmäßig und hinten gut abgerundet.
Kopf:	Der Kopf ist kurz, breit und dicht am Körper angesetzt.
Ohren:	Die Ohren sind fleischig und sollen zum Körper passen.
Läufe:	Die Läufe sind kräftig und mittellang.
Fellhaar:	Das Fell ist mittellang, dicht und gleichmäßig fein begrannt.

Farbe

Die Deckfarbe ist ein helles, sandfarbiges Gelbbraun, abgetönt durch einen feinen, fehfarbigen Anflug (Schleier). Außerdem zeigen die Tiere fehblaue Thüringerabzeichen. Die Augenfarbe ist graubraun bis blaugrau, je nach Lichteinfall rot durchleuchtend. Die Krallen sind hornfarbig, die Unterfarbe ist gelblich bis cremefarben ohne scharfe Abgrenzung zur Decke. L. F.: Schwacher Anflug, fast fehfarbiger, d. h. einfarbiger Kopf. S. F.: Starke weiße Durchsetzung, weiße Büschel. Total einfarbiger Kopf, gänzliches Fehlen des bläulichen Schleiers auf der Decke, fehlender fehfarbiger Seitenschleier.

Allgemeines

Die Rasse ist nicht nur deshalb interessant, weil sie eine besonders attraktive Farbe zeigt, sondern auch auf Grund ihrer hervorragenden Eignung für Testpaarungen bei Reinerbigkeitsuntersuchungen. Der Eigenschaft übrigens, die ihr auch den Namen eingetragen hat (lat. separare = spalten, trennen). Auch sind die Separatorkaninchen auf Grund der völligen Rezessivität aller Erbanlagen total reinerbig in Bezug auf alle Farbgene (nicht jedoch auf Albinismus, Langhaar usw.), sodass ihre Zucht recht einfach ist, weshalb sicherlich auch eine stärkere Verbreitung abzusehen ist.

1,0 Deutsche Kleinwidder, grau (H. Vogt, Hesselhurst). *Foto: B & S Fotostudio*

Deutsche Kleinwidder (DKlW)

Zuchtziel

Die Rasse ist die verkleinerte Wiedergabe des DW, der mit seinen 5,5 kg für zahlreiche Züchterfamilien heutzutage nicht mehr haltbar ist, obwohl bei ihnen die DW-Zucht Tradition ist und bleiben soll. Die ersten Tiere hatte Johannes Geerdts 1968 in Essen vorgestellt. Seither hat die Rasse ein Heer neuer Freunde gefunden. Sorge bereiteten vor allem in einigen Zuchten die Formen: Lose Brustfelle, knochige Beckenpartien, in der Mitte schmale Körper, Wammenbildung sind nicht selten. Jedoch ist andererseits in vielen Zuchten ein hervorragender Zuchtstand erreicht.

Geschichtliches

Als Herauszüchter gelten Erhard Diener und Johannes Geerdts. 1973 erfolgte die Anerkennung der Rasse. Natürlich gab es von der Anerkennung bis heute noch viel zu tun: So befanden sich in den ersten Jahren immer wieder viele Tiere in den Würfen, die weit entfernt waren vom Standardideal. Die Rasse hat heute eine gute Verbreitung. Erfreulich ist auch, dass sie in einer ganzen Reihe verschiedener Farbenschläge in recht erfreulicher Qualität vorhanden ist. Den großen Deutschen Widdern haben die Kleinwidder längst den Rang abgelaufen.

Körperform, Typ, Bau, Stellung, Fellhaar

Gewicht:	2,5–3 kg, Normalgewicht 3 kg und mehr, Höchstgewicht 3,5 kg.
Form, Stellung:	Gedrungen, mit einer breiten Schulterpartie und breiten, mittelhohen Stellung. L. F.: Gestreckter Körper. S. F.: Völlig fehlender Widdertyp.
Kopf:	Bei beiden Geschlechtern wird ein ausgeprägter Widderkopf gefordert: kurz, breit und gut entwickelt, stark die Kinnbacken, breit die Schnauz- und Stirnpartie, markant die Ramsnase. L. F.: Mangelhafte Kopfbildung.
Ohren:	Die fleischigen, voll behaarten und gut abgerundeten Ohrmuscheln mit einer Behanglänge von 30 bis 36 cm (Ideallänge 32–34 cm) treten aus den stark ausgeprägten, eng beisammenliegenden Kopfwülsten (Kronen) hervor und werden zu beiden Seiten des Kopfes mit der Schallöffnung nach innen hufeisenförmig getragen. Sie hängen am Körper schlaff nach unten. L. F.: Schwach ausgebildete Kronen, dünne, zusammengeklappte, schlecht getragene Ohrmuscheln. S. F.: Zeitweiliges Aufrechttragen eines oder beider Ohren, mehr als 36 cm und weniger als 30 cm Behanglänge.
Rücken:	Schöne, ebenmäßige Rückenlinie.
Läufe:	Kurz, mittelstark, Vorderläufe gerade, stämmig.
Fellhaar:	Mit zirka 3,0 cm mittellang. Analog der Großrasse sehr dicht in der Unterwolle, vollgriffig, nicht zu hart, jedoch gleichmäßig begrannt.
Rumpf:	Breit, walzenförmig, Becken gut abgerundet, kurzer, kräftiger Nacken, kein Hals sichtbar, feste Fellhaut an der Brust.
Häsin:	Körperbau, Kopf und Läufe sind kaum schnittiger als beim Rammler, sie soll möglichst wammenfrei sein.

Farbe

Anerkannt sind die Farbenschläge Grau in den Abstufungen Wild-, Hasen-, Dunkel-, Eisengrau und Hasenfarbig, Weiß, Rot- und Blauaugen,

1,0 Deutsche Kleinwidder, rhönfarbig (G. Wedemann, Lage). *Foto: B & S Fotostudio*

1,0 Deutsche Kleinwidder, grau-weiß (U. Hippen, Hinte). *Foto: B & S Fotostudio*

1,0 Deutsche Kleinwidder, chin.-weiß (R. Dille, Ludwigsburg). *Foto: B & S Fotostudio*

sowie – mit der unten folgenden Einschränkung – alle anderen einfarbigen Farbenschläge. Anerkannt ist außerdem die Thüringerfarbe nebst Thüringerabzeichen. Diese Farbenschläge (außer Weiß) sind auch als gescheckte Tiere zugelassen, wobei nur die Mantelscheckung anerkannt ist. Anerkannt ist ferner die Farbe und Zeichnung des Rhönkaninchens. Für alle Farbenschläge werden die jeweiligen Anforderungen an Farbe, Zeichnung und Abzeichen der entsprechenden Rassen erhoben.
Nicht zugelassen sind die Farben und Zeichnungen der Silberkaninchen, der Deutschen Riesenschecken, der Rheinischen Schecken, der Kleinschecken, der Englischen Schecken, der Weißen Hotot, der Kalifornier und Russenkaninchen, der Marder- und Siamesenkaninchen, der Weißgrannen und Schwarzgrannen, der Japaner-, der Holländer- und der Lohkaninchen sowie der Separator und der Jamora.
Für die gescheckten Deutschen Kleinwidder wird die Mantelzeichnung gefordert. Sie ist bei den Deutschen Widdern in neuester Fassung beschrieben zu finden. L. F. und S. F.: Siehe dort.

Allgemeines

Hervorgehoben zu werden verdienen die große Wurfleistung, das gute Aufzuchtvermögen, die Frohwüchsigkeit und die ansprechende Futterverwertung. Die Schlachtausbeute beträgt 60–65 %, ist also größer als beim DW. Es gilt vor allem die Formen zu verbessern. Eine züchterische Verzettelung auf allzu viele Farbenschläge bringt die Zucht nur langsam voran.

Neuzüchtung

Schwarzgrannenfarbige Deutsche Kleinwidder befinden sich zurzeit in Bearbeitung als Neuzüchtung. Es bleibt diesem attraktiven Farbenschlag zu wünschen, dass er genügend Freunde findet und so irgendwann die Anerkennung erlangen wird.

1,0 Kleinchinchilla (J. Prinz, Heusweiler). *Foto: B & S Fotostudio*

Kleinchinchilla (KlCh)

Zuchtziel

Frohwüchsigkeit, frühe Schlachtreife und ein sehr dichtes Fell sind die Vorzüge dieser Rasse. Sie ist sehr verbreitet und nimmt auch mit wenig Platz vorlieb. Hauptproblem bei dieser gut durchgezüchteten Rasse sind Wammenansätze bei beiden Geschlechtern und lange Zeiten haarungsbedingter Fleckigkeit des Felles.

Geschichtliches

Ihren Anfang nahm die Rasse von den mittelschweren Chinchillakaninchen des Ing. Dybowski aus Nogant sur Marne 1913. Die ersten Tiere, die 1920 auf mehreren deutschen Schauen zu sehen waren, beeindruckten lediglich durch ihren Namen und ihr chinchillafarbiges Aussehen, obwohl die Engländer walzenförmige, gedrungene Tiere mit sehr dichtem Fell, einer dunkleren Farbe und klaren Schattierungen bevorzugten. Dennoch nahm die Verbreitung der Rasse in den Jahren von 1921 bis 1925 sprunghaft zu. 1922 verfügte der französische Chinchilla-Club den Schwarzloh-Typ und ein Gewicht von 2 bis 2,5 kg. In den Jahren von 1935 bis 1938 erreichte die Rasse ihren Zenit. Heute zählt sie zu den am besten durchgezüchteten Kaninchenrassen.

Körperform, Typ, Bau, Stellung, Fellhaar

Gewicht:	2,25–2,75 kg, Normalgewicht 2,75 kg und mehr, Höchstgewicht 3,25 kg.
Form, Stellung:	Gedrungen, breit, da schön erscheinend, keineswegs plump. Mittelhohe Stellung.
Kopf:	Kurz, Stirn und Schnauze breit, Backen voll.
Ohren:	Dem Körper entsprechend kurz, fleischig, aufrecht getragen und voll behaart.
Rumpf:	Gut gerundet, Schultern fest, Brust und Hinterpartie breit.
Rücken:	Hinten gut gerundet, Rückenlinie ebenmäßig.
Läufe:	Kurz, mittelstark, breit gestellt.
Fellhaar:	Mittellang, sehr vollgriffig, fein und nicht zu kurz begrannt.
Häsin:	Insgesamt zierlicher als der Rammler (Geschlechtscharakter!). Wammenfreiheit ist zu fordern, doch ist bei älteren Häsinnen Wammenansatz gestattet. L. F.: Wammenansatz bei jungen, leichte Wammenbildung bei älteren Häsinnen. S. F.: Stark ausgeprägte Wamme.

Deckfarbe und Schattierung, Zwischen- und Unterfarbe

Die Deckfarbe von blau getöntem, lichtem Aschgrau breitet sich möglichst gleichmäßig, auch an Brust und Läufen und an den Flanken weit nach unten, über die gesamte Decke aus. Der Farbeffekt wird hervorgerufen durch schwarzweiße Fellhaare. Zwischen diesen stehen, büschelweise geordnet, auf dem Rücken am ausgeprägtesten, und unregelmäßig über den Körper verteilt, rein schwarze Haare. Sie bilden die kräftige, flockige schwarze Schattierung. Unter der Deckfarbe breitet sich ein etwa 2–3 mm breiter schwärzlicher Streifen aus, früher „Kränzchen" genannt. Die Ohrenränder sind schwarz umrandet; der kleine Keil im Genick ist grauweiß, die Oberseite der Blume ist schwarz und grauweiß schattiert, ihre Unterseite weiß. Weiß ist auch die Bauchdeckfarbe. Die Augen sind dunkelbraun, die Krallen schwarzbraun. L. F.: Etwas helle Brust und Vorderläufe, Bindenansätze, etwas helle Sei-

ten und Flanken, bräunlicher Anflug an Kopf und Ohren, großer Keil, schwache Ohrenränder; gleichmäßige Schattierung, leichter Rostanflug. S. F.: Bräunlicher Ton in der Deckfarbe, gelber Keil, gänzlich helle Brust und Vorderläufe, völlig gleichmäßige, silberartige Schattierung, starker Rost, weiße Binden.
Die Zwischenfarbe soll sich, 3–4 mm breit, möglichst schneeweiß, von Deck- und Unterfarbe scharf abheben. Von ihrer Reinheit und der Qualität der Abgrenzung hängt die Leuchtkraft und Schönheit des Felltrichters ab. L. F.: Schmale, breite oder verschwommene Zwischenfarbe. S. F.: Bräunlicher Ton in der Zwischenfarbe, gänzliches Fehlen der Zwischenfarbe, eine mehr als 8 mm breite Zwischenfarbe.
Die Unterfarbe soll bereits an der Haarwurzel ansetzen und etwa $^2/_3$ der Haarlänge erfassen. Sie ist dunkelblau, auch am Bauch. Bei älteren Häsinnen muss die Unterfarbe wenigstens noch in der Schoßpartie vorhanden sein. L. F.: Unreine, durchsetzte, helle Unterfarbe, bräunliche Unterfarbe am Bauch, gänzlich weiße Unterfarbe in der gesamten Bauchlänge.

Allgemeines

Die Schattierung kann hell, mittel oder dunkel sein. Die hellen Tiere sind wertlos. Denn anzustreben ist eine mitteldunkle Schattierung. Daher ist auf die Erhaltung einer bläulich schwarzen, klaren Farbe der Decke zu achten. Kennzeichen des Farbstoffreservoirs sind der schwarze Ohrensaum, der dunkle Farbspiegel auf der Stirn, die dunkle Unterfarbe am Bauch, die dunkelbraunen Augen und die Krallenfarbe. Sehr dunkle Tiere zeigen oft zwar eine kräftige Schattierung der Decke, jedoch mäßige, verwaschene Zwischenfarben. Dennoch sollten von Zeit zu Zeit solche Tiere in der Zucht eingesetzt werden, zumindest dann, wenn die Deckfarben insgesamt zu gleichmäßig und silbrig werden.

1,0 Deilenaar (F. Rapp, Röthenbach). *Foto: B & S Fotostudio*

Deilenaar (DL)

Zuchtziel

Gewünscht wird ein kleines, hasenfarbiges Kaninchen im Typ des Kleinchinchilla. Die Hasenfarbe zeigt sich auf Grund der etwas anderen Fellstruktur auch etwas abweichend von der des Hasenkaninchens, insbesondere was die Breite der Unterfarbe betrifft.

Geschichtliches

Über die Zuchtgeschichte ist auch in Holland wenig bekannt geworden. Selbst Fr. C. Schaedtler beschränkt sich auf einige wenige Fakten: Wurde von G. W. A. Ridderhof, Deil/Holland, erzüchtet und am 1. Mai 1940 anerkannt, nachdem Ridderhof seine Tiere mehrere Jahre lang bei den größten holländischen Schauen vorgestellt hatte. Doch standen die Kriegsereignisse einer größeren Verbreitung und einer nennenswerten Zucht entgegen. Nach dem Kriegsende erlebte die Rasse einen deutlichen Aufschwung; in jener Zeit erfolgten mehrere Importe in die Gegend von Aachen. In der Bundesrepublik wurde die Rasse 1975 bei der ZDK-Tagung in Dombach/Ts. anerkannt. Die Rasse ist nicht übermäßig verbreitet, zeigt z. T. jedoch sehr hochwertige Tiere.

Körperform, Typ, Bau, Stellung, Fellhaar

Gewicht:	2,25–2,75 kg, Normalgewicht 2,75 kg und mehr, Höchstgewicht 3,25 kg.
Form, Stellung:	Kurz, gedrungen, gut fleischig. Stellung mittelhoch.
Kopf:	Kurz, Stirn und Schnauze breit, Kinnbacken namentlich beim Rammler kräftig entwickelt.
Ohren:	Verhältnismäßig kurz (9–11 cm), fleischig, voll behaart.
Rumpf:	Walzenförmig, Brust und Hinterpartie breit, Flanken gut gefüllt, ohne erkennbaren Hals und Nacken.
Läufe:	Mittellang, kräftig.
Fellhaar:	Mit etwa 3 cm mittellang, dicht; gut und gleichmäßig begrannt.
Häsin:	Insgesamt etwas zierlicher als der Rammler; namentlich die Backenpartie weniger kräftig entwickelt; wammenfrei.

Farbe

Die Deckfarbe ist gekennzeichnet durch ein leuchtendes, kräftiges Rotbraun, das seitlich über die Flanken weit nach unten reicht. Darüber breitet sich eine schwarze, flockige Schattierung, die dadurch entsteht, dass schwarze Grannenhaare büschelweise beisammenstehen. Sie tritt auf dem Rücken sehr stark in Erscheinung, nicht schattiert dagegen sind Brust und Vorderläufe. Kinn, Bauch und Unterseite der Blume sind hell und lohfarbig getönt, die Schoßflecken am Bauch sind gut ausgeprägt; die Ohren sind kräftig schwarz gerändert, die Oberseite der Blume ist schattiert. Die Augen sind dunkelbraun, die Krallen schwarzbraun. L. F.: Schwache Schattierung, etwas helle Seiten und Schenkel, leichte Durchsetzung der Deckfarbe mit weißen Haaren, schwach geränderte Ohren, helle Kinnbackeneinfassung, etwas helle Hinterläufe, leichte Binden an den Vorder- und Hinterläufen. S. F.: Stark durchsetzte Deckfarbe, sichtbare weiße Flecken in der Decke, gänzliches Fehlen der Schattierung.

Die Zwischenfarbe von 6 bis 8 mm Breite ist rost- bis braunrot und von der Deck- und Unterfarbe klar abgegrenzt. L. F.: Blasse oder ver-

schwommene, nicht gut abgegrenzte Zwischenfarbe, etwas schmale oder breite Zwischenfarbe. S. F.: Fehlende, zu schmale oder zu breite Zwischenfarbe.
Die Unterfarbe nimmt etwa die Hälfte der Haarlänge ein und ist rein dunkelblau. Die Bauchunterfarbe ist im Brust- und Schoßbereich blau, am übrigen Bauch wird sie satt lohfarbig gewünscht. Bei der Bewertung ist es gleichgültig, ob die blaue Unterfarbe am Bauch durchgeht oder nicht. L. F.: Etwas helle oder durchsetzte Unterfarbe. S. F.: Stark unreine oder verwaschene Unterfarbe, Fehlen der blauen Bauchunterfarbe auch in der Schoß- und der Brustpartie.

Allgemeines

Die Tiere gelten als robust und frohwüchsig. Die Häsinnen sind allgemein gute Muttertiere. In vielen Stämmen gilt es, die Formen zu verbessern. Besonders störend sind dabei die hoch stehenden Hüftknochen, aber auch teilweise recht lose Brustfelle.

1,0 Marburger Feh (W. Hoffmann, Arnsberg). *Foto: B & S Fotostudio*

Marburger Feh (MF)

Zuchtziel

Es ist eine Kombinationsrasse von Blau und Havanna. Ihr Gewicht entspricht genau dem des KlCh. Besonderer Wert ist auf die Erhaltung des braunen Anflugs auf der Decke zu legen. Außerdem verdienen die teilweise mangelhaften, sehr schwachen Läufe, wie sie besonders in dieser Rasse anzutreffen sind, mehr Beachtung. Infolge der vielen Abendbewertungen bei schlechtem Licht hat auch die weiße Durchsetzung bei Tieren dieser Rasse zugenommen, weil man sie im Schein einer Neonröhre oder einer Glühlampe wohl kaum erkennt.

Geschichtliches

Entdecker der Rasse (1912) war ein 11-jähriger Schüler; Erzüchterin ist seine Tante Frl. Sandemann aus Marburg/L. 1916 stellte Frl. Sandemann die ersten Tiere der Öffentlichkeit vor, die Aufsehen erregten, weil selbst

Pelzfachleute Fell und Farbe rühmten. Die Rasse breitete sich aus, nicht zuletzt deshalb, weil sie bei vielen Züchtern die Hoffnung auf eine gelungene Imitation des echten Fehpelzes nährte. Das Marburger Feh hat auch heute einen ansehnlichen Züchterkreis.

Körperform, Typ, Bau, Stellung, Fellhaar

Gewicht:	2,2–2,75 kg, Normalgewicht 2,75 kg und mehr, Höchstgewicht 3,25 kg.
Form, Stellung:	Der Körper ist, der Zartheit der Farbe entsprechend, feingliedrig, leicht gedrungen, keinesfalls massig; obwohl Nutzrasse, sollte ein Fleischansatz möglichst wenig in Erscheinung treten. Wichtig ist es jedoch, trotz aller Feingliedrigkeit, großen Wert darauf zu legen, dass das Tier sich noch stellen kann. Es ist eine mittelhohe Stellung anzustreben.
Kopf:	Kurz, dem Körper entsprechend, mit breiter Stirn und Schnauze. Beim Rammler ist die Kinnbackenpartie gut ausgeprägt.
Ohren:	Zum Körper passend, straff aufgerichtet, fleischig und gut behaart.
Rumpf:	Walzenförmig, leicht gedrungen, Brust und Hinterpartie angemessen breit, Nacken und Hals wenig sichtbar.
Rücken:	Rücken und Hinterpartie harmonisch gerundet, Rückenlinie ebenmäßig.
Läufe:	Feingliedrig, mittellang.
Fellhaaar:	Sehr dicht in der Unterwolle, nicht zu kurz, jedoch fein und gleichmäßig begrannt.
Häsin:	Dem Rammler nahezu gleich. Möglichst wammenfrei, doch ist bei älteren Häsinnen Wammenansatz zugelassen. L. F.: Wammenansatz bei jungen Häsinnen, etwas Wammenbildung bei älteren Häsinnen. S. F.: Ausgeprägte Wamme.

Farbe

Die Deckfarbe, am ganzen Körper gleichmäßig, ist zart abgetönt lichtblau; lediglich die Bauchfarbe ist etwas matter. Über die Deckfarbe breitet sich ein leicht bräunlicher Schleier; der an den kurz behaarten Stellen, an Kopf, Ohren und Läufen, stärker in Erscheinung tritt. L. F.: Etwas dunkle oder helle Deckfarbe, leicht durchsetzte Decke, reifartiger Anflug, schwacher Schleier; leichter Rost, geringe Farbabweichungen an einzelnen Körperteilen. S. F.: Ganz fahle, silbrige oder zu dunkle Decke, völlig fehlender Schleier; starker Rost. Die Augen sind blaugrau, je nach Lichteinfall rot durchleuchtend, die Krallen sind hornfarbig bis dunkelhornfarbig. Die Unterfarbe sollte der Deckfarbe möglichst entsprechen und von dieser nicht scharf abgegrenzt sein. L. F.: Helle oder leicht durchsetzte Unterfarbe. S. F.: Ganz helle oder stark durchsetzte Unterfarbe, am Haarboden weiße Unterfarbe.

Allgemeines

Eine gut durchgezüchtete Kleinrasse sind die Marburger Feh allemal. Das betrifft sowohl ihre Stärken als auch ihre Schwächen. Die Stärken der Rasse liegen, um mit dem Guten anzufangen, im Fell und in der Farbe. Dort gibt es mit Ausnahme haarungsbedingter Fehler nur recht wenig zu bemängeln. Die Formen jedoch geben häufig Anlass zur Kritik. Zwar sind zumeist die Hinterpartien gut gerundet, jedoch sind die Körper oft leicht verjüngt. Außerdem liegen viele Tiere platt auf dem Tisch, ohne jede Stellung. Ebenso zeigen viele Tiere reichlich loses Brustfell. Auch in puncto Kopfbildung und Ohren haben die anderen Rassen dieses Gewichtssegments teilweise deutlich mehr zu bieten. Hier sind die Züchter gefordert, aus etwas Gutem etwas Hervorragendes zu machen. Viele Marburger Feh haben gelbes Fett, ein reiner Schönheitsmakel ohne Auswirkung auf Qualität und Verwendbarkeit des Fleisches.

1,0 Sachsengold (G. Steenhoff, Ostrhauderfehn). *Foto: Wolters*

Sachsengold (SaG)

Zuchtziel

Zuchtziel ist ein kleines, rundum gleichmäßig sattorangerot gefärbtes Kaninchen. Diesem Zuchtziel sind natürlich von der Genetik Grenzen gesetzt, das mussten die Herauszüchter sehr früh feststellen. Das infolgedessen deutlich revidierte Zuchtziel beinhaltet heute nur ein rotwildfarbiges Tier im Typ des Kleinchinchilla.

Geschichtliches

Richard Bennack aus Röhrsdorf bei Meißen beschloss 1925, „Goldhasen", goldgelbe Tiere mit gelber Bauchfarbe vom Typ des KlCh, zu erzüchten. Er paarte zunächst einen strohgelben Kreuzungsrammler mit einer zeichnungslosen, fast ausschließlich gelben Japaner-Häsin, kreuzte nach und nach eine Gelbsilberhäsin, Havanna, Kleinchinchilla, Schwarzloh und schließlich Rote Neuseeländer ein. Die Kriegsereignisse unterbrachen die Zucht; sein Sohn begann mit Resttieren die Zucht von Neuem. Anlässlich der Siegerschau 1952 in Leipzig stellte er die ersten Tiere aus. 1961 wurde die Rasse in den (gesamtdeutschen) Standard aufgenommen. Zum ersten Mal war die Rasse in der Bundesrepublik 1960 in Hamm zu sehen. Die Rasse ist heute nicht sehr stark verbreitet. Züchterische Schwierigkeiten bereiten insbesondere die oft recht schwachen Formen, die häufig durch hoch stehende Hüftknochen auffallen, aber auch die Farben, die sich durch schwarzen Anflug und dunkle Ohrenränder auszeichnen, einen hartnäckigen, besonders zählebigen Fehler. Seit ein paar Jahren zeigt die Rasse jedoch einen deutlichen Aufwärtstrend.

Körperform, Typ, Bau, Stellung, Fellhaar

Gewicht:	2,25–2,75 kg, Normalgewicht 2,75 kg und mehr, Höchstgewicht 3,25 kg.
Form, Stellung:	Kurz, gedrungen, Stellung knapp mittelhoch.
Kopf:	Kurz, Stirn und Schnauze breit, Backen gut entwickelt.
Ohren:	Kurz, breit, oben gut gerundet, fleischig, voll behaart.
Rumpf:	Walzenförmig, breit, tief gefüllt, Hinterpartie gut abgerundet, Hals und Nacken sind kaum sichtbar.
Rücken:	Rückenlinie ebenmäßig, Becken gut gerundet.
Läufe:	Verhältnismäßig kurz, kräftig.
Fellhaar:	Mittellang (2,5–3 cm), dicht und weich, gleichmäßig begrannt.
Häsin:	Insgesamt etwas zierlicher als der Rammler und frei von Wammenbildung. Bei älteren Häsinnen ist Wammenansatz zulässig. L. F.: Wammenansatz. S. F.: Wamme.

Farbe

Die Deckfarbe ist breit, rein und leuchtend intensiv rotgelb. Sie soll sich gleichmäßig über den gesamten Körper erstrecken, also auch an Kopf, Ohren, Brust, Läufen und an der Bauchpartie vorhanden sein. Die Bauchpartie darf etwas heller sein; eine cremefarbene Unterseite der Blume ist zulässig. Die Augen sind braun, die Krallen hornfarbig, je dunkler; desto besser. L. F.: Etwas helle Deckfarbe, leichter heller oder dunkler Anflug der Ohrenränder; etwas fleckige Deckfarbe, etwas helle oder dunkle Brust, Schenkel oder Vorderläufe. S. F.: Zu helle, blasse Farbe, stark mit schwarzen Haaren durchsetzte Decke, schwarze Oh-

rensäumung, sichtbare weiße Flecken in der Deckfarbe, völlig weiße Bauchfarbe oder Unterseite der Blume.
Die Unterfarbe ist etwas blasser als die Deckfarbe. Sie ist von gelblicher, satter Farbe, rein und soll bis zum Haarboden durchgehen. L. F.: Etwas helle oder durchsetzte Unterfarbe. S. F.: Stark unreine oder fehlende Unterfarbe.

Allgemeines

Das Sachsengold ist eine kleinrahmige Wirtschaftsrasse: robust, frohwüchsig, fruchtbar; die Aufzucht erfolgt meist verlustfrei. Bei reichlicher Fütterung verfetten die Tiere allerdings leicht. Dieser Rasse würden noch einige Züchter mehr gut tun: Durch Vergrößerung der Selektionsbasis und gezielte Inzucht mit dem vorhandenen Tiermaterial dürften sich nachhaltige Verbesserungen erzielen lassen. Fremdeinkreuzungen sollten in jedem Fall unterbleiben. Auch wenn die hervorragenden Körperformen so mancher Kleinrasse hierzu verlocken, so fatal würden sich solche auf die genetisch äußerst komplizierte Sachsengoldfarbe auswirken.

0,1 Rhönkaninchen (H.-H. Böger, Langen). *Foto: B & S Fotostudio*

Rhönkaninchen (Rh)

Allgemeines

Zuchtziel ist ein kleines Kaninchen, das die Farbe des Birkenstammes trägt. Genetisch ließ sich dieses realisieren durch Kombination des Japanerfaktors, der die flächenmäßige Abgrenzung roter und dunkler Pigmente bewirkt, mit dem Chinchillafaktor, der die Ausbildung gelber Pigmente verhindert.

Geschichtliches

Im Ausland gab es bereits seit einiger Zeit Kaninchen dieser Färbung. In Deutschland wurde die Rasse von Becker, Stadtlengsfeld, herausgezüchtet. Parallel beschäftigten sich in Ost- und Westdeutschland mehrere Züchter mit der Rasse, sodass auf Grund der sehr hohen Qualität der Tiere die Rasse recht schnell anerkannt wurde. Auch heute wissen die Tiere durch schöne Formen anzusprechen, farblich gilt es jedoch noch einiges zu verbessern.

Körperform, Typ, Bau, Stellung, Fellhaar

Gewicht:	2,25–2,75 kg, Normalgewicht 2,75 kg und mehr, Höchstgewicht 3,25 kg.
Form, Stellung:	Kurz, gedrungen, walzenförmig, knapp mittelhohe Stellung.
Kopf:	Mit breiter Stirn und Schnauze, ohne sichtbaren Hals am Körper angesetzt. Kinnbacken gut ausgeprägt.
Ohren:	Zur Form passend, gut aufgesetzt, sehr dickfleischig, an den Enden gut gerundet.
Rumpf:	Von hinten bis vorn gleich breit.
Rücken:	Rückenlinie ebenmäßig, Hinterpartie gut abgerundet.
Läufe:	Kurz und kräftig, breit gestellt.
Fellhaar:	Das Fell ist mittellang im Haar, dicht und vollgriffig mit dichter Unterwolle und gleichmäßiger, kräftiger, aber nicht zu langer Begrannung.
Häsin:	Die Häsin unterscheidet sich nicht wesentlich vom Rammler. Bei älteren Häsinnen wird ein Wammenansatz toleriert.

Zeichnung und Farbe

Die Zeichnung entspricht dem Aussehen eines Birkenstammes, wobei die weiße Grundfarbe überwiegt! Die Zeichnung besteht aus grauen bis schwarzgrauen Flecken, Streifen und Spritzern, die am ganzen Körper verteilt sein müssen, Kopf, Ohren und Läufe mit einbezogen. Die Blume darf einfarbig oder schwarzgrau sein. Die Farbe besteht aus der weißen Grundfarbe, die das Zeichnungsbild dominiert, und der oben angesprochenen Zeichnungsfarbe, die umso wertvoller ist, je intensiver sie ist. Die Augen sind braun, die Krallen sind hornfarbig, entsprechend der Farbe der Läufe und Zehen heller oder dunkler. L. F.: Fehlen der Zeichnung an einem Ohr oder an beiden Läufen. Angedeutete Japanerzeichnung, unterbrochener „Spaltkopf“, leichtes Überwiegen der dunklen Zeichnungsfarbe. Helle Zeichnungsfarbe, Rostanflug. S. F.: Gänzliches Fehlen der Farbflecken an beiden Ohren oder am Kopf. Ausgeprägter Spaltkopf, zu große weiße oder dunkle Flecken, die ein Viertel des Körpers bedecken.

Allgemeines

Die Preisrichter sollten die Tiere nach dem Standard bewerten. Oft werden die mittleren bis dunkleren Tiere den „fast idealen“ hellen gegenüber noch vorgezogen. Imponierend sind jedoch bei vielen Tieren der Rasse Form, Kopf und Ohren, sicherlich ein Erbe sehr guter Kleinchinchilla-Kaninchen, die bei der Herauszüchtung der Rasse Pate standen.

1,0 Luxkaninchen (K. Schulte, Hagen). *Foto: Wolters*

Luxkaninchen (L)

Zuchtziel

Luxkaninchen sind eine fehwildfarbige Kleinrasse. Bezüglich Fellqualität und auch Farbe zeigt die Rasse einen Qualitätsstand, der sich durchaus sehen lassen kann. In der Form hingegen sind viele Tiere noch deutlich vom angestrebten Zuchtziel entfernt.

Geschichtliches

Die Rasse verdankt, wie andere auch, ihre Entstehung dem Zufall. Karl Hoffmann, Düsseldorf, erhielt 1918 aus der Kreuzung von Marburger Feh und Perlfeh einige gelbliche Tiere. Auf den Rat einer Putzmacherin hin züchtete Hoffmann mit diesen Tieren weiter. 1919 zeigte er die Rasse in Düsseldorf zum ersten Mal der Öffentlichkeit. 1922 wurde sie anerkannt und fand rasch Freunde. Den ursprünglichen Namen Luchs änderte man in Lux (= Licht), da die Fellfarbe der des echten Luchses nur entfernt ähnelt. Die Verbreitung der Rasse ist auch heute noch eher schwach. Die Qualität der Tiere ist zum Teil mit Ausnahme der meisten Körperformen recht gut.

Körperform, Typ, Bau, Stellung, Fellhaar

Gewicht:	2–2,5 kg, Normalgewicht 2,5 kg und mehr, Höchstgewicht 3,25 kg.
Form, Stellung:	Leicht gedrungen, Bemuskelung wenig augenfällig, im Ganzen zart. Stellung mittelhoch.
Kopf:	Dem Körper entsprechend kurz und breit.
Ohren:	Fleischig und gut behaart, harmonisch dem Körper entsprechend. L. F.: Etwas lange oder faltige Ohren.
Rumpf:	Walzenförmig, nur leicht gedrungen wirkend, keinesfalls plump, Brust- und Hinterpartie angemessen breit, Nacken und Hals kaum sichtbar.
Rücken:	Hinterpartie gut abgerundet, Rückenlinie ebenmäßig.
Läufe:	Feingliedrig, mäßig lang.
Fellhaar:	Unterwolle dicht, Begrannung fein und gleichmäßig, Fellhaar nicht ganz mittellang.
Häsin:	Die Häsin ist insgesamt etwas zierlicher und wammenfrei.

Farbe

Die Deckfarbe, ausgenommen die Wildfarbigkeitsabzeichen, ist ein silbriges helles Blau, durch das die braunrote Zwischenfarbe schwach hindurchschimmert. Der Keil im Genick ist braunrot, doch schwach ausgeprägt, die Augeneinfassungen sind etwas heller. Die Kinnbackeneinfassung ist weiß, Bauchdeckfarbe, Innenseiten der Läufe sowie die Unterseite der Blume sind hell bis weiß. Die Augen sind graublau, je nach Lichteinfall leicht rötlich durchleuchtend, die Krallen sind hornfarbig. L. F.: Geringe Abweichungen in der Deckfarbe, helle Binden, leichter Rost. S. F.: Stark weiß durchsetzte Decke, sichtbare weiße Flecken in der Deckfarbe, starker Rost.
Die Zwischenfarbe ist 6–8 mm breit, braunrot und scharf abgegrenzt. L. F.: Etwas schwache oder schmale Zwischenfarbe. S. F.: Fehlende Zwischenfarbe.
Die etwa 1 cm breite Unterfarbe ist rein weiß, die Bauchunterfarbe bläulich. Die einzelnen Farbzonen des Felltrichters am Oberkörper müssen klar in Erscheinung treten. L. F.: Nicht ganz reine Unterfarbe, schwa-

che Bauchunterfarbe. S. F.: Andere als weiße Unterfarbe, fehlende bläuliche Bauchunterfarbe in der gesamten Bauchlänge.

Allgemeines

Die Verbreitung der Rasse ist (noch) unterschiedlich; sie hat mehr Freunde in Nord- und Westdeutschland als im Süden. Gut verbreitet ist sie auch in Mitteldeutschland. – Während ihrer Entwicklung verändern die Tiere einige Male ihre Farbe. So kommt es vor, dass die sonst rein weiße Unterfarbe während der Haarung bläulich wird. Insbesondere Jungtiere zeigen anfangs eine blaue Rückenunterfarbe, die jedoch den Züchter nicht beunruhigen sollte. So präsentieren sie sich nach dem Haarwechsel in ihrer schönen, pastellartigen Farbe. Die Rasse hätte eine größere Verbreitung verdient. Die Farbe bereitet züchterisch keine großen Schwierigkeiten, wohl aber die Körperform: Viele Tiere zeigen eine knochige Hinterpartie, eine übermäßige Verjüngung oder schwache, durchgetretene Vorderläufe. Konsequente Selektion ist hiergegen das beste Mittel.

1,0 Perlfeh (H. Müll, Albstadt-Tailfingen). *Foto: B & S Fotostudio*

Perlfeh (Pf)

Zuchtziel

Zuchtziel ist ein leicht gedrungenes, blauwildfarbiges Kaninchen. Die rassetypische Perlung, die diesen Kaninchen ihren Namen gegeben hat, entsteht dabei durch die Anordnung blau gespitzter und cremefarben gespitzter Grannenhaare.

Geschichtliches

Der Düsseldorfer Züchter Karl Hoffmann, dem das Luxkaninchen zu verdanken ist, ist auch der Erzüchter dieser Rasse. Neben ihm erzüchtete Karl Deininger, Augsburg, ein Fehkaninchen, das sich vom Perlfeh Hoffmanns nur wenig unterschied. Bei der Neufassung der Bewertungsbestimmungen von 1936 wurden deshalb beide Feharten, auch weil ihre Züchter das gleiche Ziel verfolgten, unter der Bezeichnung

„Perlfeh" zu einer Rasse vereinigt. Heute ist das Perlfeh eine gut durchgezüchtete, verbreitete Kleinrasse, die sich besonders durch viele hervorragende Fellträger auszeichnet.

Körperform, Typ, Bau, Stellung, Fellhaar

Gewicht:	2–2,5 kg, Normalgewicht 2,5 kg und mehr, Höchstgewicht 3,25 kg.
Form:	Der Körper ist gedrungen, die Flanken sind gut gefüllt.
Stellung:	Die Stellung ist knapp mittelhoch.
Kopf:	Kurz, Stirn und Schnauze breit.
Ohren:	Länge der Körpergröße entsprechend, fleischig, straff aufgerichtet getragen, gut behaart.
Rumpf:	Breit, walzenförmig, Nacken und Hals treten nicht in Erscheinung, Brust zwar breit, aber ohne lose Fellhaut.
Rücken:	Breit, Hinterpartie gut abgerundet, Rückenlinie ebenmäßig.
Läufe:	Zierlich, breit gestellt, Vorderläufe gerade.
Fellhaar:	Sehr dicht und vollgriffig, kräftig begrannt.
Häsin:	Durch den schnittigeren Kopf und die zierlicheren Läufe soll das Geschlecht zu erkennen sein. Die Häsin ist wammenfrei.

Deckfarbe und Perlung
Gleichmäßigkeit, Zwischen- und Unterfarbe

Die Deckfarbe ist blaugrau (blauwildfarbig) und kommt in den Abtönungen hell, mittel und dunkel vor; die mittlere Nuancierung wird vorgezogen. Etwas heller als die Decke sind Augenringe, Kinnbackeneinfassung, Brust und Läufe. Der kleine Keil ist bräunlich, die Bauchdeckfarbe erscheint hell bis hellgrau. Der Eindruck der Perlung wird durch cremefarben und blau gespitzte Grannenhaare hervorgerufen; sie soll klar in Erscheinung treten. Die Augen sind blaugrau, die Krallen hornfarbig. L. F.: Stark von der mittleren Nuancierung abweichende Deckfarbe, grobe, fleckige Perlung, helle Brust und Vorderläufe, Binden, großer Keil, leichter Rost, etwas weiß durchsetzte Decke. S. F.: Zu dunkle oder ganz helle Deckfarbe ohne Perlung, stark weiße Durchsetzung der Decke, starker Rost, weiße Abzeichen. Gleichmäßigkeit von Deckfarbe und Perlung über Rücken, Seiten und Flanken, über Kopf, Ohren, Brust, die oberen Spitzen der Läufe und Blume ist zu fordern.

Die schmale Zwischenfarbe ist bräunlich; sie ist von Deck- und Unterfarbe nicht klar getrennt. Zwei Drittel der Haarlänge erfasst die blaugraue Unterfarbe. L. F.: Schwache, verschwommene oder leicht durchsetzte Zwischen- oder Unterfarbe, fehlende blaugraue Bauchunterfarbe bei älteren Häsinnen. S. F.: Fehlende Zwischen- oder Bauchunterfarbe, stark durchsetzte, unreine Unterfarbe.

Allgemeines

Das Perlfeh ist ein sehr guter Fellträger. Probleme ergeben sich zum Teil beim Bewerten aus der extrem dichten Behaarung der Brust, wenn sich im Kehlbereich ein Haarstoß bildet, der teilweise als Wammenansatz fehlinterpretiert wird. Der Züchter sollte großen Wert auf eine schöne, gleichmäßige Perlung legen, denn das Fell kann naturfarben sowohl mit hellen Längsstreifen der Bauchfarbe als auch ohne diese getragen werden. Die Farbenzucht bereitet kaum Schwierigkeiten, da die Blauwildfarbe rein vererbt. Sie ist auch weniger als andere zarte Farben dem Rost unterworfen. Ein hartnäckiger Fehler sind jedoch die Binden. Während insgesamt zu dunkle, fast einfarbig blaue Tiere sie meist nicht zeigen, sind fast alle gut geperlten Tiere damit behaftet. Hier sollte also bei der Bewertung nicht übertrieben vorgegangen werden – die gute Perlung ist allemal wichtiger. Es reicht völlig aus, nur die Tiere mit durchgehenden Binden oder mit völlig weißen Bindenansätzen zu strafen. Tiere mit cremefarbenen Bindenansätzen hingegen sollten nicht bestraft werden.

Kleinsilber (KlS)

Zuchtziel

Zuchtziel ist ein kleines, gedrungenes, muskulöses Kaninchen mit gutem, griffigem Fell und einer feinen, gleichmäßigen Silberung. Anerkannt sind sechs Farbenschläge, die als gesonderte Rassen bewertet werden müssen.

Geschichtliches

Bereits 1631 nannte der Engländer Markham Grausilber als Fellrasse; Darwin erwähnte silbergraue Kaninchen; eine mittlere Silberung werde vorgezogen. Silberkaninchen sind seit langem auch in Frankreich, namentlich in der Champagne, bekannt. 1892 gelangten Silberkaninchen zum ersten Mal nach Deutschland und wurden zur Moderasse. Um 1900 erschien die erste Rassebeschreibung, zwischen 1904 und 1906 wurden in Gera und Leipzig die ersten Silberspezialklubs gegründet. Die Verbreitung der Rasse stieg ständig. Anfang der 30er-Jahre des 20. Jahrhunderts stand das Kleinsilber an der Spitze der gezüchteten Rassen. Der Status einer Wirtschaftsrasse aber blieb ihm in den 30er-Jahren versagt. Heute ist es beliebt wie eh und je. Alle Farbenschläge zeigen heute eine recht gute Verbreitung, wobei jedoch nach wie vor die Schwarzen und Gelben dominieren. Qualitativ jedoch haben die selteneren Farbenschläge aufgeschlossen. Wir finden heute in jedem Farbenschlag neben weniger vorzeigbaren Tieren auch solche, die kaum noch Wünsche offen lassen.

Körperform, Typ, Bau, Stellung, Fellhaar

Gewicht:	2–2,5 kg, Normalgewicht 2,5 kg und mehr, Höchstgewicht 3,25 kg.
Form, Stellung:	Kurz und gedrungen, mittelhohe Stellung.
Kopf:	Der Kopf ist kurz und kräftig, mit breiter Stirn und Schnauze, ohne sichtbaren Hals direkt am Körper angesetzt.
Ohren:	Dem Körper entsprechend kurz, fleischig, gut behaart, straff aufgerichtet getragen.
Rumpf:	Walzenförmig, Brust- und Hinterpartie breit, muskulös und gut gerundet.
Rücken:	Breit, Rückenlinie ebenmäßig, hinten gut gerundet.
Läufe:	Feingliedrig, jedoch nicht zu schwach, um den Körper zu tragen, nicht ganz mittellang.

Krallen:	Hornfarbig bei Gelben; schwarzbraun bei Schwarzen; sonst dunkel. S. F.: Zweierlei oder farblose Krallen.
Fellhaar:	Etwa 2,5 cm lang, sehr dicht; gut und gleichmäßig, aber nicht zu kurz begrannt.
Häsin:	Etwas feiner als der Rammler; der Kopf schnittiger. Wammenfrei.

Farbenschläge

Silberung, Deckfarbe, Gleichmäßigkeit, Zwischen- und Unterfarbe

Anerkannt sind die Farbenschläge Schwarz, Gelb, Graubraun, Blau, Havannafarbig und Hell.
Die Silberung wird bei allen Farbenschlägen durch weiß gespitzte Grannenhaare hervorgerufen. Je nach dem Grad des Vorhandenseins der weiß gespitzten Grannen entsteht eine dunklere, eine hellere oder eine mittlere Silberung. Deckfarbe und Silberung sollen am gesamten Tier, einschließlich Kopf, Ohren, Läufen und Blume, gleichmäßig vorhanden sein, natürlich mit Ausnahme der Wildfarbigkeitsabzeichen bei den Gelben und Graubraunen.

Kleinsilber, schwarz (KlS schwarz)

Die Deckfarbe ist schwarz, glänzend, mit weiß gespitzten Grannen durchsetzt. Die Bauchfarbe ist etwas matter. Die Unterfarbe ist dunkelblau. Die Augen sind dunkelbraun, die Krallen schwarzbraun. L. F.: Leicht schwache, grobe oder flockige Silberung. Etwas dunkler Kopf, dunkle Schnauze, Ohren, Läufe und Blume. Etwas heller Kopf, helle Brust, Läufe oder Ohren. Leichter Rost, leichte Durchsetzung der Unterfarbe. Unterfarbe etwas hell abgesetzt am Haarboden. Krallen etwas hell. S. F.: Fehlende Silberung an Kopf, Ohren und Brust. Völlig helle Brust oder Vorderläufe. Sichtbare weiße Büschel in der Deck- oder Unterfarbe. Weiße Unterfarbe an der Haarwurzel, starke Durchsetzung der Unterfarbe, starker Rost.

Kleinsilber, blau (KlS blau)

Die Deckfarbe ist sattmittelblau, glänzend, weiß gesilbert, die Bauchdecke erscheint etwas matter. Die Unterfarbe ist etwas heller als die

1,0 Kleinsilber, schwarz (A. Schön, Fernwald). *Foto: B & S Fotostudio*

1,0 Kleinsilber, blau (H. Ruffing, Spiesen-Elversberg). *Foto: B & S Fotostudio*

1,0 Kleinsilber, havannafarbig (W. Kullik, Reutlingen). *Foto: B & S Fotostudio*

1,0 Kleinsilber, gelb (H. Neumann, Homburg). *Foto: B & S Fotostudio*

Deckfarbe. Die Augen sind graublau, die Krallen dunkel. L. F.: Siehe KlS schwarz; außerdem leichter brauner Anflug in der Decke, etwas dunkle Deckfarbe, hellblaue, melierte Deckfarbe. S. F.: Schwärzlicher Anflug, braune Augen. Ansonsten siehe KlS schwarz.

Kleinsilber, havannafarbig (KlS hav)

Die Deckfarbe ist tiefbraun, glänzend, weiß gesilbert. Die Bauchfarbe erscheint etwas matter. Die Unterfarbe ist blau. Die Augen sind braun, je nach Lichteinfall rot durchleuchtend. Die Krallen sind dunkel. L. F.: Etwas dunkle oder helle (melierte) Deckfarbe.

Kleinsilber, gelb (KlS gelb)

Die Farbe ist gelbwildfarbig. Die Deckfarbe ist sattgelb, glänzend, gesilbert. Die Wildfarbigkeitsabzeichen (Augeneinfassung, Kinnbackeneinfassung, Bauch, Blumenunterseite) sind cremefarben bis weiß, wobei eine satte Cremetönung vorzuziehen ist. Besonders sorgfältig sollte auch die Gleichmäßigkeit der Silberung geprüft werden. Die Unterfarbe ist kräftig gelb. Die Augen sind braun, die Krallen hornfarbig, je dunkler, desto besser. L. F.: Leichte Durchsetzung mit schwarz gespitzten Grannen (dunkler Anflug), leicht dunkle Ohrenränder; blasse Deckfarbe, hell abgesetzte Flanken und Schenkel, schwach gesilberter Kopf und Blume, ansonsten wie KlS schwarz. S. F.: Ausgeprägter dunkler Anflug, graublaue Augenfarbe (nicht selten), ansonsten wie KlS schwarz.

Kleinsilber, graubraun (KlS graubraun)

Die Deckfarbe ist grau und gesilbert, sie entspricht den Farbenschlägen Wild- und Hasengrau der grauen Kaninchenrassen, zeigt jedoch auf Grund der feineren, gleichmäßigeren und kürzeren Begrannung nicht deren ausgeprägte Schattierung. Augeneinfassung, Kinnbackeneinfassung und Genickkeil sind hellbraun bis cremefarben, Bauchdecke und Blumenunterseite sind weiß. Die Zwischenfarbe ist zirka 8 mm breit und leuchtend rotbraun. Über der Zwischenfarbe liegt ein zirka 2 mm breiter dunkler Streifen, sie sollte auch gegenüber der Unterfarbe deutlich abgegrenzt sein. Die Unterfarbe ist dunkelblau, am Bauch blau. Die Augen sind braun, die Krallen sind dunkel. L. F.: Deckfarbe an Flanken und Schenkeln deutlich heller abgesetzt, blasse, verschwommene, leicht durchsetzte Zwischen- und Unterfarbe, Kopf und Blumenoberseite schwächer gesilbert. Schmale Zwischenfarbe (unter

5 mm), sonst sinngemäß wie KlS schwarz. S. F.: Fehlen der Bauchunterfarbe am gesamten Bauch, fehlende Zwischenfarbe.

Kleinsilber, hell (KlS hell)

Die Deckfarbe erscheint bläulich weiß, silberartig. Sie wird überragt von den am gesamten Körper gleichmäßig verteilten, glänzenden, schwarzen Stichhaaren, die das übrige Fell um zirka 6–8 mm überragen. Die Bauchfarbe erscheint etwas matter. Die Unterfarbe ist dunkelblau, frei von weißer Durchsetzung und reicht bis zum Haaransatz. Auf Grund der großen Anzahl der Silberungsfaktoren bleicht sie schneller aus als bei anderen Kaninchenrassen, was bei der Bewertung Rücksicht finden sollte. Die Augen sind braun, die Krallen schwarzbraun. L. F.: Schwache oder ungleichmäßige Silberung und Stich. Etwas dunkle Ohren, Schnauze, Läufe oder Blume. Durchsetzte, blasse oder in Zonen abgegrenzte Unterfarbe. S. F.: Fehlen der Stichhaare, extrem helle Deckfarbe ohne Blauton (sog. Mehlsäcke), völlig dunkler Kopf, weiße Büschel in der Decke, starker Rost, weiße Unterfarbe.

Allgemeines

Kleinsilber sind sehr lebhaft, leider zuweilen sogar bissig. Jungtiere müssen früh abgesetzt werden und Einzelbuchten bekommen, um zu verhindern, dass die Tiere sich Bissverletzungen zufügen, in denen dann wegen der Hautverletzungen auch besonders gern weiße Büschel wachsen. Silberkaninchen werden voll pigmentiert geboren. Sie beginnen mit der ersten Haarung mit zirka 4 Wochen durchzusilbern. Fertig sind sie mit zirka 5 bis $5^1/_2$ Monaten nach der 2. Haarung. Dann sollten sie auch ausgestellt werden, denn jede weitere Haarung bringt jetzt wieder Pigmentverlust mit sich, der besonders bei der Unterfarbe zu Tage tritt. Der dunkle, mittlere und helle Schlag sind nebeneinander zugelassen; der mittlere entspricht jedoch am ehesten dem Zuchtziel. Züchterisch sollte jedoch auf den hellen Schlag bei allen dunklen Kleinsilberrassen verzichtet werden, weil diese Tiere auf Grund der vielen Silberungsfaktoren bereits deutliche Defizite in der Pigmentierung zeigen.

0,1 Kleinsilber, graubraun (R. Ferrara, Mainz-Bretzenheim). *Foto: B & S Fotostudio*

1,0 Kleinsilber, hell (P. Lemke, Nürnberg). *Foto: B & S Fotostudio*

0,1 Englische Schecken, blau-weiß (K.-H. Richtert, Groß Hesepe). Foto: B & S Fotostudio

Englische Schecken (ESch)

Zuchtziel

Zuchtziel ist ein kleines, elegantes, leicht gestrecktes Kaninchen mit der typischen Kettenzeichnung. Es hebt sich von den übrigen Rassen des Gewichtsegments nicht nur durch die ureigene Zeichnung, sondern auch durch die elegante Form deutlich ab.

Geschichtliches

Die Englische Schecke ist neben dem Holländerkaninchen die älteste der Scheckenrassen. Die Engländer sind Meister der Sportzucht; sie haben auch diese Rasse aus gescheckten Hauskaninchen erzüchtet. Im Jahre 1900 hatte Leo Courtain die ersten Tiere importiert; gemeinsam mit Hans Otto hatte er den ersten Klub gegründet und die ersten Bewertungsrichtlinien ausgearbeitet. Die Förderung der Wirtschaftsrassen in den 30er-Jahren des 20. Jahrhunderts bewirkte einen fühlbaren

Rückschlag. Heute ist die Rasse gut verbreitet und spricht insbesondere auch wegen der sehr schönen Formen und Felle, die man bei ihr nicht selten findet, an. Dieses stärkere Verlegen des züchterischen Gewichts auf die Form muss schon begrüßt werden, auch wenn es in der Zeichnung dadurch etwas Stagnation gibt. Viele Tiere sind heute einfach etwas grob gezeichnet.

Körperform, Typ, Bau, Stellung, Fellhaar

Gewicht:	2–2,5 kg, Normalgewicht 2,5 kg und mehr, Höchstgewicht 3,25 kg.
Form:	Sporttyp nach englischem Muster, soll deutlich gestreckter als die anderen kleinen Rassen und elegant erscheinen.
Stellung:	Stellung auf feinen Gliedmaßen mittelhoch.
Kopf:	Etwas länglich, Stirn jedoch breit.
Ohren:	Fein, straff aufgerichtet, schön gerundet, nicht zu fleischig, gut behaart.
Rumpf:	Leicht gestreckt, harmonisch, Halspartie ist sichtbar.
Rücken:	Hinten gut abgerundet, Rückenlinie ebenmäßig.
Läufe:	Feingliedrig, mittellang.
Fellhaar:	Mit 2,5 cm nicht ganz mittellang, mit dichter Unterwolle und feiner, gleichmäßiger Begrannung versehen.
Häsin:	Die Häsin ist durch ihren etwas feineren Körperbau und einen schnittigeren Kopf vom Rammler klar zu unterscheiden. Sie ist wammenfrei.

Farbe und Zeichnung

Anerkannt sind die Farbenschläge Schwarz-Weiß, Blau-Weiß, Thüringerfarbig-Weiß und Dreifarbig.
Die Grundfarbe in Deck- und Unterfarbe ist rein weiß. Die Zeichnungsfarben Schwarz und Dunkelblau sind rein, nicht mit andersfarbigen Haaren durchsetzt und glänzend. Die Thüringerfarbe ist gelblich braun und erscheint wie mit einem rußigen Anflug überzogen. Er tritt an Kopf, Ohren und Nasenrücken am stärksten in Erscheinung. Die Ketten sind, der Thüringerfarbe entsprechend, heller. Die Zeichnungsfarben Schwarz und Gelb der Dreifarbigen sind rein, intensiv und mit anderen Farben nicht durchsetzt. Die Augen sind beim schwarzweißen, beim thüringerfarbig-weißen und beim dreifarbigen Farben-

1,0 Englische Schecken, thür.-weiß (B. Schückle, Neulingen). *Foto: B & S Fotostudio*

 1,0 Englische Schecken, dreifarbig (G. Schütte, Huntlosen). *Foto: Wolters*

schlag braun, beim blau-weißen blaugrau. Die Krallen sind farblos. L. F.: Gelblicher Anflug in der Grundfarbe, unreine oder mit weißen Haaren leicht durchsetzte Zeichnungsfarbe und Ohrenränder, weiße Flecken in der geschlossenen Seitenzeichnung, leichte Abweichung der Zeichnungsfarbe. S. F.: Stark unreine, mit weißen Haaren durchsetzte Zeichnung, zweierlei Zeichnungsfarben.

Das Zeichnungsbild setzt sich zusammen aus der Kopf- und der Rumpf- oder Körperzeichnung. Die Kopfzeichnung besteht aus Schmetterling, Augenringen, Backenpunkten und Ohrenzeichnung. Der Schmetterling erstreckt sich, gut ausgeprägt, mit seinen voll gerundeten Flügeln etwa von der Mitte des Nasenrückens symmetrisch über die Mundwinkel und fasst den Unterkiefer an den Seiten schmal ein. Der Ausläufer auf der Mitte des Nasenrückens, der Dorn, ist leicht gerundet. Die Augenringe sind schmal, möglichst geschlossen und gleich breit. Eine kleine Zacke an den oberen Hälften der Augenringe ist nicht fehlerhaft. Die runden oder ovalen, jedenfalls nicht zu großen Backenpunkte sollen frei stehen. Die Ohrenzeichnung soll sich von der weißen Grundfarbe des Kopfes scharf begrenzt klar abheben. L. F.: Gezackter Schmetterling, unschöner Dorn, fleischfarbener Lippenspalt, schwache seitliche Unterkiefereinfassung, ungleiche, grobe Augenringe, unreine Ohrenansätze, unreiner Kopf (Spritzer). S. F.: Unvollständiger Schmetterling wie fehlender Dorn, große Zacken in den Schmetterlingsflügeln u. a., gänzlich fehlende Unterkiefereinfassung, am Unterkiefer geschlossener Schmetterling, weiße Nasenspitze, weißer Lippenspalt, ein- oder beidseitig anhängender Backenpunkt, Fehlen eines oder beider Backenpunkte, doppelter Backenpunkt ein- oder beidseitig, nicht geschlossener Augenring, mit dem Schmetterling oder der Ohrenzeichnung zusammenhängender Augenring, weiße Flecken im Augenring, im Schmetterling oder in der Ohrenzeichnung, Fehlen eines Zeichnungsmerkmals. Die Rumpfzeichnung besteht aus Aalstrich, den beidseitigen Ketten und den Seitenflecken.

Der Aalstrich zieht sich, im Nacken unmittelbar hinter den Ohren beginnend, klar und gleichmäßig begrenzt wie ein Pinselstrich in einer Breite von zirka 2 cm über den Rückenfirst bis zur Blumenspitze. Die Kettenzeichnung setzt im Nacken seitlich hinter den Ohrwurzeln an und verläuft in Form feiner Punkte in Doppelreihe schräg oder leicht gewölbt bis in die Weichen. Dort werden die Flecken größer und bilden den Übergang zu den Seitenflecken. Diese kleinen, einzeln frei stehenden Flecken bedecken die Lenden- und Schenkelpartie. Etwa vorhandene Flecken an Brust, Bauch, Läufen und Unterseite der Blume sind bei der Bewertung nicht zu berücksichtigen. L. F.: Gezackter oder ungleichmäßiger Aalstrich, breiter oder schmaler Aalstrich, Unterbrechung des Aalstrichs vom Genick bis zu den Schulterblättern oder vom Ansatz der Blume bis zur hochgelegten Blumenspitze, am Aalstrich leicht anhängende Seitenzeichnung, schwache, volle oder ungleichmäßige Seitenzeichnung, schwache, einfache, kurze, breite, ungleichmäßig gehäufte oder stark senkrecht verlaufende Ketten, Unterbrechung der Ketten im Genick, feine oder grobe Ketten. S. F.: Sichtbare Unterbrechung des Aalstrichs zwischen den Schulterblättern und an der hochgelegten Blumenspitze, stark mit dem Aalstrich zusammenhängende Seitenzeichnung, beidseitig weniger als 3 Kettenpunkte, Fehlen eines Zeichnungsmerkmals.

Allgemeines

Wie alle Scheckenrassen sind auch die ESch spalterbig. Allein schon aus diesem Grund ist es wichtig, große Würfe mit zweistelligen Jungtierzahlen anzustreben. Gezielte Linienzucht führt mittelfristig zur Vereinheitlichung der Zeichnung in einem Stamm. Zwar zeigen die am Rumpf etwas grober gezeichneten Tiere regelmäßig bessere Kopfzeichnungen – insbesondere Ohrenansätze –, jedoch sollte man hin und wieder auch einmal ein fein gezeichnetes Tier mit der so genannten „Erbsenzeichnung" einsetzen, damit im Stamm die Zeichnung insgesamt nicht zu grob wird. Die Chaplins der Englischen Schecken sind – im Gegensatz zu denen der Punktschecken im Zeichnungstyp der Deutschen Riesenschecke – meist lebensfähig und zeigen in der Entwicklung keine signifikanten Unterschiede zu den gezeichneten und den einfarbig dunklen Tieren.

1,0 Holländer, schwarz-weiß (W. Dittler, Forst). *Foto: B & S Fotostudio*

Holländer (H)

Zuchtziel

Zuchtziel ist ein kleines, gedrungenes Kaninchen mit einer fest umschriebenen Plattenscheckung, die, weil nur diese Rasse sie zeigt, auch Holländerzeichnung genannt wird. Weil bei der Rasse nicht weniger als zwölf Farbenschläge zugelassen sind, ist ein weiteres erwähnungsbedürftiges Zuchtziel die „reine" Farbe und die Förderung der selteneren Farbenschläge.

Geschichtliches

Bereits auf dem 1401 entstandenen Gemälde des Häußlein von Hagenau „Kaninchen und Frettchen" ist ein Tier abgebildet, das Ansätze einer Holländerzeichnung zeigt. Auch heute treten bei Wildkaninchen relativ häufig Tiere mit Holländermerkmalen auf. Der Holländerfaktor ist also eine relativ häufige Mutationsform. Als Rasse herausgezüchtet wurden die Holländer im 19. Jahrhundert in England auf der Basis von Brabanter Kaninchen aus Holland. Bereits vor dem Ersten Weltkrieg gab es eine blühende Holländerzucht in Deutschland, die leider durch die Weltkriege und die Einstufung als Sportrasse während der NS-Zeit einen Rückschlag erfuhr. Heute sind zumindest die schwarz-weißen, grau-weißen und thüringerfarbig-weißen Holländer gut verbreitet.

Körperform, Typ, Bau, Stellung, Fellhaar

Gewicht:	2–2,5 kg, Normalgewicht 2,5 kg und mehr, Höchstgewicht 3,25 kg.
Form, Stellung:	Körper kurz und gedrungen, Stellung mittelhoch.
Kopf:	Kurz, Stirn- und Schnauzpartie breit.
Ohren:	Der Körpergröße entsprechend kurz, fleischig, aufgerichtet getragen, gut behaart.
Rumpf:	Walzenförmig, Flanken gut gefüllt; Nacken und Hals treten nicht in Erscheinung.
Rücken:	Hinterpartie gut abgerundet, Rückenlinie ebenmäßig.
Läufe:	Mittellang und mittelstark.
Fellhaar:	Nicht ganz mittellang, mit dichter Unterwolle und guter, nicht zu langer, gleichmäßiger Begrannung versehen.
Häsin:	Mit feinem Körperbau und Gliedmaßen, Kopf schnittiger, wammenfrei.

Farbe und Zeichnung

Anerkannt sind: Schwarz-Weiß, Blau-Weiß, Grau-Weiß in allen vier Grautönen, Thüringerfarbig-Weiß, Gelb-Weiß, Havannafarbig-Weiß, Japanerfarbig-Weiß und Fehfarbig-Weiß sowie Chinchillafarbig-Weiß. Die Grundfarbe ist rein weiß, die Zeichnungsbilder sind farbig. Die Bewertung der Zeichnungsfarbe hat nach den Anforderungen an die Farbe der entsprechenden Ausgangsrassen zu erfolgen. L. F.: Leichte Durchsetzung der Zeichnungsfarbe mit weißen oder andersfarbigen Haaren, Rost, schwache Bauchunterfarbe bei grau-weißen Tieren, leichter grauer Anflug bei gelb-weißen Tieren. S. F.: Weiße Flecken im dunklen Zeichnungsfeld oder umgekehrt, stark weiß durchsetzte Zeichnungsfarbe, unreine Farbe, viel Rost, andere als die zugelassene Farbe, weiße Bauchunterfarbe außer bei gelb-weißen Tieren.

Die Kopfzeichnung setzt in einer scharfen Blesse über der Stirn direkt an den Ohren an, wird zu beiden Seiten des Kopfes breiter, bedeckt,

1,0 Holländer, blau-weiß (J. Kuhfeld, Elsterhof). *Foto: B & S Fotostudio*

0,1 Holländer, fehfarbig-weiß (A. Kaiser, Glauburg). *Foto: B & S Fotostudio*

1,0 Holländer, grau-weiß (W. Speicher, Ensdorf). *Foto: B & S Fotostudio*

1,0 Holländer, gelb-weiß (W. Habermann, Großlangheim). *Foto: B & S Fotostudio*

1,0 Holländer, thüringerfarbig-weiß (A. Werling, Kandel). *Foto: B & S Fotostudio*

deutlich die Augen einschließend, die Backen, strebt aufwärts und vereinigt sich im Genick hinter den Ohren in einer glatten Linie. Sie ist kugel- oder eiförmig, jedenfalls auf beiden Kopfhälften symmetrisch. Sie darf nicht bis an die Augen, nicht bis in die Mundwinkel und ebenso wenig bis in die Spürhaare reichen. L. F: Ungleiche oder tiefe Backenzeichnung, leichtes Berühren der Spürhaare, kleine Backenzacken, breite, gezackte, stumpfe oder schmale Blesse, Genickzacken, etwas leeres oder volles Genick. S. F.: Gänzlich schiefe, ungleichmäßige Kopfzeichnung, bis in die Mundwinkel oder stark in die Spürhaare reichende Backenzeichnung, durchgehende Blesse, bis in die Ohrenwurzel reichende Genickzeichnung.
Die Rumpfzeichnung bedeckt die hintere Körperhälfte und teilweise die Hinterläufe. Sie wird von der weißen Grundfarbe in der Mitte des Rumpfes ringförmig scharf abgegrenzt. Der Ring darf bei Wildgrau-Weiß und Hasengrau-Weiß am Bauch unterbrochen sein, auch bei Gelb-Weiß; doch wird hier ein geschlossener Ring vorgezogen. In jedem Falle aber muss der Ring in der Unterfarbe beim Hineinblasen in das Fell der Bauchpartie in Erscheinung treten. L. F.: Etwas schiefer oder gezackter Ring, etwas kurze oder lange Ringzeichnung. S. F.: Völlig

schiefer Ring, Ringzeichnung, die einen oder beide Vorderläufe erfasst, stark von der Mitte des Rumpfes abweichender, zu kurzer oder zu langer Ring, zu große Ringzacken (über 3 cm). Die Hinterläufe sind bis zur Mitte zwischen Sprunggelenk und Zehen farbig. Die vordere weiße Hälfte der Hinterläufe („Manschette") ist von der Zeichnungsfarbe ringförmig scharf abgegrenzt. L. F.: Kurze oder lange, stark gezackte oder ungleichmäßige Manschetten. S. F.: Fehlen einer oder beider Manschetten, zu lange Manschetten, die das Sprunggelenk erreichen, zu kurze Manschetten, die nur die Zehen erfassen oder zwischen den Zehen hindurchgehen.

Allgemeines

Das Holländerkaninchen ist schnellwüchsig, fruchtbar und mastfähig, die Häsinnen sind gute Mütter. Ein gut gezeichnetes und gut vererbendes Zuchttier wird jeder Holländer-Züchter möglichst lange behalten, selbst wenn es 5 oder 6 Jahre alt wird. Die Verpaarung verschiedener Farbenschläge miteinander sollte tunlichst unterbleiben. Ob das bei den Holländern besonders häufige Auftreten falscher Augenfarben und von Augenflecken hierauf beruht oder genetisch an die Holländerscheckung gekoppelt ist, lässt sich nicht klären. Jedenfalls sind die Farbenschläge möglichst rein zu züchten. Auf Grund der hohen Spalterbigkeit ist nur immer ein Teil der Jungtiere ausstellungsfähig.

Neuzüchtung

Als weiterer Farbenschlag befinden sich Holländer, japanerfarbig blaugelb-weiß, in der Bearbeitung. Knapp ein Drittel der 16 gezeigten Tiere erhielten auf der 27. Bundes-Kaninchenschau in Nürnberg 2005 die Note sehr gut. Nun muss es jedoch den Züchtern gelingen, noch mehr Freunde für diesen attraktiven Farbenschlag zu gewinnen.

1,0 Lohkaninchen, schwarz (H. Bode, Lippstadt). *Foto: Wolters*

Lohkaninchen (Loh)

Zuchtziel

Zuchtziel ist ein kleines, gedrungenes Kaninchen, das eine Lohzeichnung zeigt. Die Lohzeichnung wird durch den so genannten Lohfaktor hervorgerufen, der zwar die typischen Wildfarbigkeitsabzeichen bewirkt, nicht jedoch die zonenmäßige Pigmentierung des Einzelhaares mit Deck-, Zwischen- und Unterfarbe. Durch Anhäufen entsprechender Modifikationsgene kommt auch noch die breite, helle Brustzeichnung hinzu, wie wir sie angedeutet auch bei wildfarbigen Tieren finden. Die orangerote „Lohfarbe" wird durch eine hohe Akkumulation von Gelbverstärkern erreicht.

Geschichtliches

Lohkaninchen sind eine englische Rasse, deren Name bei uns noch in den 20er-Jahren des vorigen Jahrhunderts „Black and tan" lautete. Silber-, Holländer- und wilde Gehegekaninchen sollen die Ahnen dieser schönen Rasse sein. Die ersten Tiere wurden um die Jahrhundertwende von Rottloff, Ehrenfriedersdorf/Sa., nach Deutschland eingeführt. Die Schwarzen sind heute weit verbreitet, Braune und Blaue deutlich seltener, qualitativ jedoch sehr ansprechend.

Körperform, Typ, Bau, Stellung, Fellhaar

Gewicht:	2–2,5 kg, Normalgewicht 2,5 kg und mehr, Höchstgewicht 3,25 kg.
Form, Stellung:	Körper gedrungen, weder gestreckt noch mastig, Stellung knapp mittelhoch.
Kopf:	Kurz, Stirn breit, Nasenrücken leicht geramst.
Ohren:	Dem Körper entsprechend kurz, straff aufgerichtet, fleischig und gut behaart.
Rumpf:	Walzenförmig, breit, Vorderpartie gefüllt, Hinterpartie gut gerundet, ohne sichtbaren Hals und Nacken.
Rücken:	Rückenlinie ebenmäßig, Hinterpartie gut gerundet.
Läufe:	Höchstens mittellang, breit stehend, fein.
Fellhaar:	Etwa 2,5 cm lang, dicht in der Unterwolle, gut und gleichmäßig begrannt.
Häsin:	Körper, Kopf und Läufe etwas zierlicher als beim Rammler, wammenfrei.

Farbe und Zeichnung

Anerkannt sind die Farbenschläge Schwarz, Blau, Braun und Fehfarbig. Die Deckfarbe aller drei Farbenschläge ist rein, intensiv und glänzend. Sie darf nicht mit andersfarbigen Haaren durchsetzt sein. Eine satte Deckfarbe ist notwendig, damit die Zeichnung ausgeprägt in Erscheinung tritt. Naturgemäß ist der Kontrast von Deck- und Zeichnungsfarbe bei den Schwarzen am kräftigsten; doch ist die Lohfarbe auch bei den Blauen, den Braunen und den Fehfarbigen möglichst intensiv zu fordern. Die Augen sind beim Schwarzen braun, beim Braunen ebenfalls, hier jedoch je nach Lichteinfall leicht rötlich durchleuchtend, beim Blauen und Fehfarbigen blaugrau. Die Krallen sind bei allen Farbenschlägen dunkel bis schwarzbraun. L. F.: Leicht durchsetzte Deckfarbe, unreiner Kopf oder Läufe, leichter Rostanflug. S. F.: Völlig fehlende Zeichnungsmerkmale, stark mit weißen oder lohfarbigen Haaren durchsetzte Decke, sichtbare weiße Flecken in der Deck- und Zeichnungsfarbe, rein weiße Unterseite der Blume, starker Rost.

1,0 Lohkaninchen, braun (E. Sattler, Fürth). *Foto: B & S Fotostudio*

1,0 Lohkaninchen, blau (D. Wenner, Lörrach). *Foto: B & S Fotostudio*

Kopfzeichnung: Die Nasenlöcher sind scharf abgegrenzt und gut lohfarbig eingefasst. Die Kinnbackeneinfassung ist, ebenfalls scharf von der Deckfarbe getrennt, klar lohfarbig und reiche bis zum Genick. Die Augenringe sind nicht zu breit, gut geschlossen und intensiv lohfarbig. Die Ohren sollen eng, aber kräftig lohfarbig umrandet sein; ausgeprägt lohfarbig sind zwei Flecken vorne am Ohrenansatz. L. F.: Schwache Einfassung der Nasenlöcher, melierte Schnauze, leichte Unterbrechung der Augenringe, ungleichmäßig geformte Augenringe, schwache Kinnbackeneinfassung, nicht durchgehende Kinnbackeneinfassung, weiße Spürhaare, schwach geränderte Ohren. S. F.: Stark lohfarbige Schnauze.
Rumpfzeichnung: Sie ist gleichfalls kräftig lohfarbig und klar von der Deckfarbe abgegrenzt. Die breite Brustzeichnung beginnt am Kinn, zieht sich zwischen den Vorderläufen durch und geht in die Bauchlohe über, die feurig lohfarbig ist und bis zur Haut durchgehen soll. Ebenfalls klar abgegrenzt ist die etwa 2 cm breite lohfarbige Seiteneinfassung; deutlich lohfarbig sollen sich von der Bauchfarbe auch die Schoßflecken abheben. Entlang dem Rumpf etwa in $^2/_3$ der Rumpfhöhe treten stark lohfarbig und gut abgegrenzt die Seitenspitzen in Erscheinung. Lohfarbig ist die Innenseite der Vorder- und Hinterläufe. An den Hinterläufen soll sich die Lohfarbe von der Deckfarbe klar abheben. Auf den Vorderläufen sollen, deutlich begrenzt, die lohfarbigen Zehenpunkte hervortreten. Lohfarbig ist schließlich ist auch der nicht zu große, leicht abgerundete oder dreieckige und gut begrenzte Keil im Genick. L. F.: Schmale oder verschwommene Brustzeichnung, schwache Brustlohe, schwache Seiteneinfassung, ungleichmäßige oder schwache Seitenspitzen, langer, schlecht geformter oder wolkiger Keil, schwache oder verschwommene Zeichnung der Vorder- und Hinterläufe. S. F.: Fehlende Seiteneinfassung oder Seitenspitzen, ganz dunkle Brust, weiße Bauchfarbe oder Blumenunterseite.

Allgemeines

Lohkaninchen sind weit verbreitet. Die Rasse ist nicht ganz so frohwüchsig wie beispielsweise Kleinsilber, verfettet jedoch auch nicht so schnell. Die braunen und blauen Lohkaninchen verdienen eigentlich mehr Züchter.

Marderkaninchen (M)

Zuchtziel

Zuchtziel ist ein kleines Kaninchen mit der typischen Marderzeichnung. Diese unterliegt einem intermediären Erbgang, wobei nur der spalterbige Typ dem Standardideal entspricht. Nicht zugelassen, aber reinerbig sind hingegen die Dunkelmarder, die fast schwarz oder blau sind.

Geschichtliches

Als Herauszüchter gilt der Gärtnermeister Thomsen aus Hamburg-Stellingen, auch wenn er nicht das Marderkaninchen, sondern ein Opossumkaninchen mit halblangem Fellhaar erzüchten wollte und zu diesem Zweck Blaue Wiener, Hasenkaninchen, Angora, Havanna und Thüringer kreuzte. Als er es mit Kleinchinchilla versuchte, fielen bronzefarbige Marderkaninchen. Ob diese überlieferte Zuchtgeschichte jedoch so zutrifft, muss stark angezweifelt werden, dagegen spricht insbesondere die inzwischen wissenschaftlich abgesicherte Genetik der Marderfarbe. Unabhängig von Thomsen erschienen in England die Sables und in Frankreich die Zibelines, die genetisch mit dem Marderkaninchen identisch sind. Auch heute hat die Rasse nur begrenzte Verbreitung gefunden: Nur wenige, wenn auch engagierte Pioniere betreiben diese Zucht. Bleibt zu wünschen, dass das einmal anders wird.

Körperform, Typ, Bau, Stellung, Fellhaar

Gewicht:	2–2,5 kg, Normalgewicht 2,5 kg und mehr, Höchstgewicht 3,25 kg.
Form, Stellung:	Nur leicht gedrungen, mittelhoch gestellt.
Kopf:	Kurz, kräftig, dicht am Körper sitzend.
Ohren:	Dem Körper entsprechend lang, aufgerichtet getragen, fleischig und gut behaart.
Rumpf:	Walzenförmig.
Rücken:	Hinterpartie gut abgerundet, Rückenlinie ebenmäßig.
Läufe:	Verhältnismäßig kurz und mittelstark.
Fellhaar:	Weich, in der Unterwolle dicht, gut, wenn auch nicht zu hart, jedoch gleichmäßig begrannt.
Häsin:	Ihr Geschlechtscharakter soll deutlich in Erscheinung treten; sie ist wammenfrei.

1,0 Marderkaninchen, braun (W. Krone, Liebenburg). *Foto: B & S Fotostudio*

 1,0 Marderkaninchen, blau (K. Krone, Liebenburg). *Foto: B & S Fotostudio*

Farbe und Zeichnung

Anerkannt sind der braune und der blaue Farbenschlag in einer hellen bis mittleren Tönung. Nicht zugelassen sind die dunklen Homozygoten.

Die Deckfarbe ist lichtbraun beziehungsweise -blau und geht an den Seiten und Flanken in eine hellere Abtönung über. Etwas dunkler sind die Schulterpartie und die Hinterschenkel, hell dagegen sind Becken, Brust und Bauch. Die Augen sind braun beim Braunen und graublau beim Blauen, bei beiden je nach Lichteinfall rötlich durchleuchtend. Die Krallen sind dunkel. L. F.: Etwas dunkle oder fleckige Deckfarbe, leichte Durchsetzung mit weißen Haaren. S. F.: Ganz dunkle Deckfarbe, starker Rost, stark mit Weiß durchsetzte Deckfarbe, sichtbare weiße Flecken.

Abzeichen: Über den Rücken breitet sich ein dunkler Streifen von etwa 8 cm Breite, der an den Flanken in ein Hellbraun beziehungsweise -blau übergeht. Dunkel und ebenfalls nicht scharf begrenzt ist die Maske, die bis in die Augenhöhe reicht; dunkel sind auch Ohren, Läufe und Blume, dunkel schattiert ist die Augeneinfassung. L. F.: Unvollständiger Rückenstreifen, große Maske, schwache oder verschwommene Abzeichen, leicht zonenmäßig abgestufte Unterfarbe. S. F.: Gänzlich dunkler Kopf und Ohren, fehlende dunkle Abzeichen.

Die Unterfarbe ist bei beiden Farbenschlägen bläulich und der Deckfarbe entsprechend unterschiedlich intensiv; an den helleren Körperstellen ist sie heller. L. F.: Unreine, durchsetzte Unterfarbe. S. F.: Stark unreine oder weiße Unterfarbe.

Allgemeines

Die Rasse ist züchterisch sehr schwierig. Neben der Spalterbigkeit verhindert auch die relativ geringe Selektionsbasis eine breit ausgelegte Verbesserung der Körperformen, die angesichts des vorhandenen Tiermaterials vielfach wünschenswert erscheint. Auch bei dieser Rasse sollten große Wurfstärken angestrebt werden.

1,0 Siamesen, gelb (G. Fleckenstein, Haibach). *Foto: B & S Fotostudio*

Siamesen (Si)

Zuchtziel

Zuchtziel ist ein kleines, gedrungenes Kaninchen, das die Marderzeichnung in Verbindung mit der gelben, nichtwildfarbigen Thüringerfarbe in sich vereinigt. Ausstellungsfähig sind nur die mittleren, heterozygoten Tiere mit der typischen Marderzeichnung, nicht jedoch die homozygoten Tiere mit der Thüringerzeichnung.

Geschichtliches

Die Rasse ist nach dem Fall der Mauer aus Ostdeutschland zu uns gekommen, zum Glück für einige Züchter, die sich bereits seit einigen Jahren im Status der Neuzüchtung mit Siamesen beschäftigen.

Körperform, Typ, Bau, Stellung, Fellhaar

Hier trifft exakt all das zu, was bereits beim Marderkaninchen gesagt wurde.

Farbe und Abzeichen

Zugelassen sind die Gelben und die Blauen.
Die Deckfarbe der Gelben ist im Bereich der Abzeichen hellgelblich mit einem rußigen Anflug, gebildet von dunkel gespitzten Grannen. Außerhalb der Abzeichen ist sie möglichst hell (schmutzig weiß). Die Deckfarbe der Blauen im Bereich der Abzeichen ist blaucremefarbig, gebildet durch bläulich gespitzte Grannen. Außerhalb der Abzeichen ist sie deutlich heller, nahezu weiß. Die Unterfarbe ist bei beiden Farbenschlägen weißlich. Die Augen sind bei den Gelben braun, bei den Blauen blaugrau, bei beiden Farbenschlägen je nach Lichteinfall rötlich durchleuchtend. Die Krallen sind hornfarbig, je dunkler, desto besser. L. F.: Fleckige oder melierte Deckfarbe, leichter Rost, hellhornfarbige Krallen. S. F.: Starke weiße Durchsetzung, weiße Büschel, zu dunkle Deckfarbe, farblose Krallen.
Die Abzeichen, die nicht scharf abgegrenzt sein sollen, sind der Rückenstreifen, die dunklen Läufe, die Blume und am Kopf die Maske, die Augeneinfassung und die dunklen Ohren. Der Rückenstreifen ist zirka 8 cm breit und zeigt im Bereich der Schultern deutliche Ausläufer in Richtung Vorderläufe, am Becken wird er breit und erfasst die Hinterschenkel. Farblich ist er etwas heller als die übrigen Abzeichen. L. F.: Etwas verschwommene Abzeichen, unvollständiger Rückenstreifen, etwas dunkler Kopf, etwas schwache Abzeichen. S. F.: Fehlen des Rückenstreifens, völlig dunkler Kopf, Thüringerzeichnung.

Allgemeines

Eigentlich verkörpert diese Rasse nur zwei Farbenschläge des Marderkaninchens. Deshalb dürfte es auch sinnvoll sein, beide Rassen zusammenzufassen. Der Begriff im Standard „Gelbsiamesen“ ist streng genommen falsch, es handelt sich bei diesen Tieren zwar um „Gelbmarder“, jedoch um „Schwarzsiamesen“. Die Blauen sind „Crememarder“, weil die Verbindung von blauer und gelber Erbanlage in der Tierzucht als cremefarben bezeichnet wird.

1,0 Schwarzgrannen (H.-P. Weißhaar, Konstanz). *Foto: B & S Fotostudio*

Schwarzgrannen (SchwGr)

Zuchtziel

Zuchtziel ist ein kleines, gedrungenes Kaninchen mit der typischen Schwarzgrannenfarbe. Diese resultiert aus der Kombination der Rotwildfarbe mit der Chinchillafarbe, die sich bis auf die braune Augenfarbe, einige schwarz gespitzte Grannen und die pigmentierten Krallen gegenseitig aufheben.

Geschichtliches

Die Rasse verdankt ihr Entstehen einem Experiment. 1960/61 wollte Niehaus weiße Tiere mit braunen Augen herauszüchten, ausgehend davon, dass die Rotwildfarbe und die Chinchillafarbe sich gegenseitig aufheben. Was er dabei außer Acht ließ, war, dass alle rotwildfarbigen Tiere, wenn auch kaum sichtbar, über eine Durchsetzung mit dunkel gespitzten Grannen verfügen, die sich durch den Chinchillafaktor nicht neutralisieren lässt. Beim weißen Tier wurden diese dunkel gespitzten Grannen deutlich sichtbar. Vielleicht hätte Niehaus das Ziel erreicht, wenn er statt der verwendeten Roten Neuseeländer sehr hell schattierte Kleinsilber, gelb, eingesetzt hätte. Während diese Rasse im Westen wieder in der Versenkung verschwand, wurde sie in Ostdeutschland als Kleinrasse herausgezüchtet, anerkannt und kam nun mit der Vereinigung in den Einheitsstandard. Welche Entwicklung sie nehmen wird, ist noch nicht abzusehen.

Körperform, Typ, Bau, Stellung, Fellhaar

Gewicht:	2,0–2,5 kg, Normalgewicht 2,5 kg und mehr, Höchstgewicht 3,25 kg.
Form, Stellung:	Gedrungen, knapp mittelhoch gestellt.
Kopf:	Kurz, kräftig, dicht am Körper sitzend.
Ohren:	Zum Körper passend, von kräftiger Struktur, an den Enden gut abgerundet.
Rumpf:	Walzenförmig, vorn und hinten gleich breit.
Rücken:	Rückenlinie ebenmäßig, Hinterpartie gut abgerundet.
Läufe:	Relativ kräftig, knapp mittellang.
Fellhaar:	Das Fell ist äußerst dicht in der Unterwolle, mit gleichmäßiger, elastischer Begrannung, insgesamt nicht zu kurz.

Deckfarbe, Farbbegrannung und Gleichmäßigkeit, Unterfarbe

Die Deckfarbe ist ein zart abgetöntes Weiß, das mit einem feinen, leicht rußartigen Anflug von heller bis mittlerer Intensität überzogen scheint; dieser wird hervorgerufen durch dunkel gespitzte Grannenhaare, die das Deckhaar überragen und gleichmäßig über den ganzen Körper verteilt sind. An den kürzer behaarten Körperstellen – Kopf, Ohren und Läufen – und auf der Oberseite der Blume erscheint der Anflug etwas intensiver. Die Intensität der Farbbegrannung an der Brust bleibt unberücksichtigt. Die Ohrenränder dürfen farblich leicht gesäumt sein. Rein weiß erscheinen demgegenüber die Wildfarbigkeitszonen Bauch, Unterseite der Blume, Innenseite der Läufe, Kinnbackeneinfassung, Augenringe und Nackenkeil. Die Augen sind braun, die Krallen hornfarbig. Die Unterfarbe ist am ganzen Körper rein weiß; die Unterfarbe an der Blumenoberseite bleibt unberücksichtigt. L. F.: Leicht fleckige oder etwas unreine Deckfarbe. Flockige Schattierung; ungleichmäßige oder etwas dunkle Farbbegrannung. Etwas dunkel durchsetzte Wildfarbigkeitszonen. Unterschiedlich intensiv pigmentierte Krallen. Leicht bläulicher oder rußiger Anflug in der Unterfarbe. Leicht dunkle Durchsetzung der Unterfarbe (Ausnahme Blumenoberseite). S. F.: Stark unreine Deckfarbe. Gänzlich fehlende oder bläuliche Farbbegrannung. Stark ausgeprägter dunkler Anflug am Rumpf. Stark dunkel durchsetzte Wildfarbigkeitszonen. Andere als die geforderte Augenfarbe; pigmentlose Krallen, graue bis blaugraue Unterfarbe. Erkennbare Zwischenfarbe. Stark dunkel durchsetzte Unterfarbe (Ausnahme Blumenoberseite).

Allgemeines

Welchen Weg die Rasse gehen wird, zeichnet sich noch nicht ab, bleibt zu hoffen, dass sie nicht in der Versenkung verschwindet. Apart ist sie allemal und auch nicht zu schwer zu züchten.

1,0 Russen, blau-weiß (W. Habich, Ubstadt-Weiher). *Foto: B & S Fotostudio*

Russen (R)

Zuchtziel

Zuchtziel ist ein sehr kleines Kaninchen mit typischer „Spitzenzeichnung". Bei diesen Teilalbinos entsteht die Pigmentierung nur, wenn eine bestimmte Hauttemperatur unterschritten wird, das ist regelmäßig an den Körperspitzen der Fall. Die Tücken der Zucht liegen in der großen Temperaturabhängigkeit der Pigmentierung.

Geschichtliches

Nach Mariot-Didieux (1854) existierte die Rasse in Frankreich bereits im 17. Jahrhundert, in England wurde sie 1857 zum ersten Mal beschrieben und zum Rassekaninchen erhoben. Von dort hatte der gothaische Zahnarzt Welker 1892 den ersten Russenrammler importiert. Doch enthielt schon der erste deutsche Standard von 1885 die Rasse, hatten Welker und Max Fischer, ebenfalls Gotha, 1890 den 1. Russenkaninchen-Züchter-Club gegründet. Weitere Importe folgten, für teures Geld. Die anfängliche Begeisterung erlahmte recht schnell, der Bannstrahl der „Sportfexerei" durchs NS-Regime, Krieg und Nachkriegszeit taten ein Übriges. Noch 1960 wurde im DKZ Klage geführt über die geringe Verbreitung der Rasse. Heute hat sich ein namhafter, treuer Züchterkreis um sie geschart. Züchterisch hält sie sich schon einige Zeit auf ansprechendem Niveau.

Körperform, Typ, Bau, Stellung, Fellhaar

Gewicht:	1,75–2,25 kg, Normalgewicht 2,25 kg und mehr, Höchstgewicht 3 kg.
Form, Stellung:	Leicht gedrungen, mittelhoch gestellt.
Kopf:	Breit, Backenpartie gut entwickelt, Nasenrücken beim Rammler leicht geramst.
Ohren:	Kurz, dem Körper entsprechend, straff aufgerichtet getragen, gut behaart.
Rumpf:	Walzenförmig, Brust- und Hinterpartie breit, kein loses Brustfell.
Rücken:	Hinterpartie gut abgerundet, Rückenlinie ebenmäßig.
Läufe:	Mittellang, zart.
Fellhaar:	Mit 2–2,5 cm verhältnismäßig kurz, dicht, weich sowie fein und gleichmäßig begrannt.
Häsin:	Kopf deutlich schnittiger als beim Rammler, im Ganzen zierlicher, völlig wammenfrei.

Farbe und Zeichnung

Anerkannt sind die Farbenschläge Schwarz-Weiß und Blau-Weiß. Die Grundfarbe ist ein reines, leuchtendes Weiß ohne gelben oder grauen Anflug. Tiefschwarz beziehungsweise sattblau sind die Abzeichen. Die Augen sind farblos, stark rot durchleuchtend, die Krallen dunkelbraun. L. F.: Gelber oder grauer Anflug, leicht durchsetzte Zeichnungsfarbe. S. F.: Unreine Grundfarbe, starke Durchsetzung der Abzeichen mit weißen Haaren, starker Rost.

Die Kopfzeichnung besteht aus Maske und den farbigen Ohren. Die Maske erfasst gleichmäßig den Nasenbezirk, hat eine länglich runde, ovale Form, ist gegen die Grundfarbe scharf abgegrenzt, verläuft bis zum Oberkiefer und erfasst mit einem leichten Hauch auch den Unterkiefer. Sie ist nicht zu groß und darf nicht über Augenhöhe reichen. Die voll farbigen Ohren sind an der Wurzel scharf abgegrenzt. L. F.: Etwas grobe, gezackte oder etwas hohe Maske, leichter Augenrandanflug, unreine Ohrenansätze. S. F.: Zu große Maske, die den ganzen Unter-

kiefer bedeckt, starke Augenrandringe (sog. „Brillen“), weiße Flecken in der Maske, an den Ohrenrändern und am Ohrenansatz.
Die Rumpfzeichnung erfasst die Vorder-, Hinterläufe und die Blume. Das vorderste Glied der Vorderläufe ist rein schwarz beziehungsweise sattblau und möglichst scharf abgegrenzt; die Hinterläufe sind bis über das Sprunggelenk farbig; sie sind intensiv farbig und scharf abgegrenzt. Von reiner, dunkler Farbe sind die Ober- und Unterseite der Blume. L. F.: Kurze oder lange sowie verschwommene Zeichnung der Läufe und der Blume, dunkler Anflug am After. S. F.: Grobe Zacken oder Weiß in den farbigen Läufen.

Allgemeines

Charakteristisches Rasseattribut ist die Kälteschwärzung. Kälte fördert die Farbintensität und -ausdehnung, Wärme beeinträchtigt sie. Ein Witterungsumschwung kann alle Hoffnungen auf ein gutes Ausstellungsergebnis zunichte machen. Die Kälteschwärzung macht sich bereits bei wenige Tage alten Tieren bemerkbar. Ihre volle Schönheit erreicht die Rasse im Winter und bei Haltung in Außenstallungen. Am ungefährdetsten sind April-/Maiwürfe. Die Rasse ist anspruchslos. Da die Tiere sehr frohwüchsig sind und auch eine gewisse Neigung zu losem Brustfell besitzen, sollten sie mit Fingerspitzengefühl gefüttert werden.

1,0 Kastanienbraune Lothringer (B. Rieck, Neustadt). *Foto: Wolters*

Kastanienbraune Lothringer (KbrLot)

Zuchtziel

Gewünscht wird ein kleines, kastanienbraunes Kaninchen im leicht gestreckten, schnittigen Typ.

Geschichtliches

Die Rasse ist in Frankreich unter dem Namen „Brun marron de Lorraine“ anerkannt. In Deutschland wurden diese Tiere, besonders im Südwesten, seit einigen Jahren nachgezüchtet. Seit dem Zuchtjahr 2002 sind sie nun auch bei uns als Kastanienbraune Lothringer anerkannt.

Körperform, Typ, Bau, Stellung, Fellhaar

Gewicht: 1,5–2 kg, Normalgewicht 2 kg und mehr, Höchstgewicht 2,5 kg.

Form:	Harmonisch abgerundet und leicht gestreckt. Beide Geschlechter sind fein, schlank und schnittig. Stellung mittel bis hoch.
Kopf:	Der Kopf ist relativ klein und kurz. Er sitzt dicht am Rumpf. Stirn-, Backen- und Schnauzpartie erscheinen bei beiden Geschlechtern im Gesamteindruck keilförmig. Die Augen sind relativ groß und treten sichtbar hervor. L. F.: Etwas großer, kugeliger Kopf oder etwas langer, schmaler und spitzer Kopf. Wenig hervortretende Augen. S. F.: Zu großer, stark kugeliger, wuchtig wirkender Kopf. Häsinnenkopf beim Rammler, ausgeprägter Rammlerkopf bei der Häsin, tief liegende Augen.
Ohren:	Die Ohren sind stabil und fest im Gewebe und dennoch zum Typ passend, recht fein; sie sind entsprechend dem Größenrahmen nicht zu lang und werden zusammenstehend, nach oben leicht v-förmig geöffnet, getragen. L. F.: Dünne, faltige, etwas lange oder kurze Ohren. S. F.: Nicht zum Typ passende, grob wirkende Ohren.
Rumpf:	Die Rückenlinie verläuft ebenmäßig und endet in einer gut abgerundeten Hinterpartie.
Läufe:	Mittel bis lang, fein.
Fellhaar:	Kurz, dicht und von feiner Struktur, gleichmäßig, gut und dennoch recht fein begrannt. Die Ohren sollen gut behaart sein.
Häsin:	Der Kopf der Häsin ist etwas zierlicher als beim Rammler; namentlich die Backenpartie weniger kräftig entwickelt; wammenfrei.

Deckfarbe und Gleichmäßigkeit

Die Deckfarbe ist kastanienbraun, mit gutem Glanz versehen. Sie erfasst gleichmäßig den Kopf einschließlich der Ohren, den Rücken, die Flanken – so tief wie möglich nach unten reichend – und die Läufe. Die Bauchdeckfarbe ist lohfarbig bis strohgelb. Die Ohren sind fein schwarz gesäumt; das Ohreninnere bläulich. Die Augen sind dunkelbraun, die Krallen dunkelhornfarbig. L. F.: Ungleichmäßige Deckfarbe, aufgehellte Seiten und Flanken, schwacher Glanz, leicht weiß durchsetzte Deckfarbe, matte Brustfarbe, fahle Deckfarbe am Bauch und der Unterseite der Blume. Etwas helle Krallen. S. F.: Stark vom Kastanienbraun abweichende, mattgraue, blassgelbe oder stark weiß durchsetzte Deckfarbe, gänzlich fehlender Glanz. Weiße Deckfarbe am Bauch und/oder der Unterseite der Blume.

Zwischen- und Unterfarbe

Die Zwischenfarbe ist leuchtend gelbrot bis braunrot. Sie ist entscheidend für die Ausprägung der kastanienbraunen Deckfarbe. Die Unterfarbe ist blau, bis zum Haarboden reichend, je intensiver, desto besser. L. F.: Matte oder verschwommene Zwischenfarbe, etwas unreine oder am Haarboden aufgehellte Unterfarbe. S. F.: Gänzlich fehlende Zwischenfarbe, gänzliches Fehlen der blauen Unterfarbe.

Allgemeines

Die Tiere sind – wie alle Angehörigen von Kaninchenrassen im Schlanktyp – robust und frohwüchsig. Die Häsinnen sind dabei allgemein gute Muttertiere. In einer Zeit, in der die Menschen immer weniger Platz haben, Kaninchen zu halten, in der es immer schwieriger wird, den anfallenden Mist zu entsorgen, verschiebt sich das Spektrum der tatsächlich gehaltenen Kaninchenrassen immer mehr hin zu den Klein- und Zwergrassen. Die Kastanienbraunen Lothringer schließen die Lücke zwischen diesen beiden Rassengruppen. Genetisch gesehen sind sie – wie die Hasenkaninchen und die Deilenaar – wildfarbige Kaninchen mit einer starken Anreicherung der so genannten Gelbverstärker. Schlüssel zu der besonders gleichmäßigen Ausprägung der Farbe, wie sie der Standard bei den Kastanienbraunen Lothringern fordert, ist die kurze und gleichmäßige Haarstruktur. Diese muss der Züchter bei der Selektion der Zuchttiere stark beachten. Dann ist die Zucht der kleinen, attraktiven Kaninchenrasse auch nicht sehr schwierig und zu der Freude an den lebhaften, kecken Tieren gesellt sich der züchterische Erfolg.

Abteilung IV – Zwergrassen

Zwergwidder (ZwW)

Zuchtziel

„Es sollte ein Zwergkaninchen werden, dabei aber im Widdertyp bleiben, d. h. Deutsche Widder mit einem Gewicht von 2–3 Pfund“ (A. de Cock, DKZ 24/1966). Wesentliche Rassemerkmale sind daher in erster Linie Typ, Robustheit und Masse, in zweiter Linie die Zwergengröße. Nicht das kleinste Tier ist das beste, sondern jenes, das innerhalb der gesetzten Gewichtsgrenzen den Widder-Typ am besten verkörpert.

Geschichtliches

Erzüchter ist Adrian de Cock aus Tilburg/Niederl. 1952 begann er mit der Kreuzung einer Farbenzwerg-Häsin mit einem Deutschen-Widder-Rammler. Mehrere Generationen lang betrieb er Inzucht, danach kreuzte er Englische Widder ein. Nach 12-jähriger Züchterarbeit trat er mit seinen Tieren zum ersten Mal an die Öffentlichkeit; anlässlich der holländischen Bundesschau 1964 in Den Bosch zeigte er 4 Tiere. Der Andrang vor den Tieren war groß. Noch im gleichen Jahr wurde die Rasse zum ersten Mal nach Deutschland importiert. Die Tiere aber enttäuschten, die Geburtswehen der Rasse waren allgegenwärtig. Das Interesse erlosch nahezu, zumal die Deutschen Kleinwidder mehr und mehr das Feld beherrschten. 1972 stellte Zfr. Scholten, Kleve, in Essen eine Kollektion ansprechender Zwergwidder vor. 1973 wurde die Rasse anerkannt. Der Boom, den die Rasse erlebt, dauert noch an. Es ist kaum abzusehen, wann die Rasse den Ausbau ihres prozentualen Anteils an den Rassekaninchen abgeschlossen hat. Züchterische Probleme bereiten auch heute noch sowohl Größe wie auch Widdertyp, wenn auch konstatiert werden muss, dass es mit den Zwergwiddern kontinuierlich bergauf geht.

Körperform, Typ, Bau, Stellung, Fellhaar

Gewicht:	Mindestgewicht 1,2 kg, Normalgewicht 1,5 kg bis 1,9 kg, Höchstgewicht 2 kg.
Form, Stellung:	Kurz, gedrungen, breitschulterig, Stellung knapp mittelhoch.
Kopf:	Kurz, kräftig, ausgeprägter Widderkopf bei beiden Geschlechtern, Stirn- und Schnauzpartie breit, Kinnbacken stark entwickelt, Ramsnase schön gebogen. L. F.: Schwache Kopfbildung. S. F.: Völliges Fehlen des Widdertyps.

1,0 Zwergwidder, grau (D. Felix, Marktredwitz). *Foto: B & S Fotostudio*

1,0 Zwergwidder, grau-weiß (G. Fandel, Metendorf). *Foto: B & S Fotostudio*

1,0 Zwergwidder, thüringerfarbig (M. Lange, Remchingen). *Foto: B & S Fotostudio*

Behang:	24–28 cm lang, fleischig, voll behaart, an den Enden gut abgerundet, an den Ohrenansätzen ausgeprägte Wülste (Kronen), hufeisenförmig, mit der Schallöffnung nach innen zum Kopf und vertikal nach unten hängend getragen. L. F.: Flache Wülste und abstehender (schwebend getragener) Behang. S. F.: Zeitweiliges Aufrechttragen eines oder beider Ohren, weniger als 24 cm und mehr als 28 cm Behanglänge.
Rumpf:	Walzenförmig, Brust und Hinterpartie breit, Hinterpartie gut abgerundet, Hals und kräftiger Nacken kaum in Erscheinung tretend.
Rücken:	Rückenlinie schön geschwungen, Hinterpartie gut gerundet.
Läufe:	Kurz, mittelstark.
Fellhaar:	Mittellang (etwas länger als bei den Farbenzwergen), dicht behaart und weich, gleichmäßig begrannt.
Häsin:	Insgesamt etwas feiner als der Rammler, frei von jeglicher Wammenbildung. S. F.: Wammenansatz bei allen Tieren.

Farbe und Zeichnung

Anerkannt sind die Farbenschläge Grau in den Abstufungen Wild-, Hasen-, Dunkel-, Eisengrau und Hasenfarbig, Weiß Rot- und Blauaugen, sowie – mit der unten folgenden Einschränkung – alle anderen einfarbigen Farbenschläge. Anerkannt ist außerdem die Thüringerfarbe nebst Thüringerabzeichen. Diese Farbenschläge (außer Weiß) sind auch als gescheckte Tiere zugelassen, wobei nur die Mantelscheckung anerkannt ist. Für diese gelten die oben bei den Deutschen Widdern beschriebenen Forderungen. Anerkannt sind ferner – mit der unten folgenden Einschränkung – weitere Farbenschläge mit Zeichnung oder Abzeichen; für sie ist eine Kombination mit der Mantelscheckung nicht zugelassen. Für alle Farbenschläge werden die jeweiligen Anforderungen an Farbe, Zeichnung und Abzeichen der entsprechenden Rassen erhoben. Nicht zugelassen sind die Farben und Zeichnungen der Silberkaninchen, der Deutschen Riesenschecken, der Rheinischen Schecken, der Kleinschecken, der Englischen Schecken, der Schwarzgrannen, der Holländer, der Separator und der Jamora.
L. F.: Leichte Farbfehler wie bei den Ausgangsrassen. S. F.: Schwere Fehler wie bei den Ausgangsrassen.

Allgemeines

Die Zwergwidder sind vital, an Unterbringung und Futter stellen sie keine hohen Ansprüche. Doch hat man ihnen wie jedem Haustier eine entsprechende Sorgfalt angedeihen zu lassen. In ihrer Lebhaftigkeit sind sie liebenswerte Geschöpfe, keinesfalls sollten, wie in der Vergangenheit teilweise geschehen, verschiedene Farbenschläge untereinander gekreuzt werden. Das Hauptaugenmerk muss auf der Einhaltung des Gewichtsrahmens und der Verbesserung des Widdertyps liegen. Bei vielen Tieren müssen die Felle kürzer werden.

Neuzüchtung

Als Neuzüchtung befinden sich Zwergwidder, schwarzgrannenfarbig, in Bearbeitung. Auf der Bundesschau 2005 in Nürnberg wurden immerhin 65 Tiere vorgestellt, von denen mehr als die Hälfte die Note „sehr gut“ erhielten. Hauptprobleme bei dieser neuen Rasse bereiten noch das Gewicht und teilweise die Wammenbildung. Diese Neuzüchtung befindet sich aber auf dem richtigen Weg, und wenn die Züchter so eifrig bei der Sache bleiben, dürfte auch ihre Anerkennung nicht mehr in allzu weiter Ferne sein.

1,0 Zwergschecken, dreifarbig (R. Best, Büttelborn). *Foto: B & S Fotostudio*

Zwergschecken (ZwSch)

Zuchtziel

Zuchtziel ist eine kleine Schecke im Zeichnungstyp der Deutschen Riesenschecke. Obwohl die anfängliche Herauszüchtung auf Farbenzwerge, gescheckt, ausgerichtet war, entschied sich die Standardkommission für ein etwas höheres Gewicht, um damit auszuschließen, eine Rasse mit doppeltem Letalfaktor zu schaffen.

Geschichtliches

Bereits seit einer ganzen Anzahl von Jahren arbeiten Züchter an der Herauszüchtung punktgescheckter Zwergkaninchen. Dabei waren die Ziele am Anfang recht unterschiedlich: Während ein Teil davon die „englische Scheckung" anstrebte, wollte das Gros die „Deutsche-Riesen-Scheckung". Letztere setzten sich schließlich durch. Intensive Kontakte zwischen den mit der Herauszüchtung befassten Züchtern und

Zuchttieraustausch führten jedoch schnell zur Vereinheitlichung. Die Anerkennung in Deutschland erfolgte im Jahre 2002.

Körperform, Typ, Bau, Stellung, Fellhaar

Gewicht:	Normalgewicht über 1,4 bis 1,8 kg. Mindestgewicht 1,2 kg, Höchstgewicht 1,9 kg.
Form, Stellung:	Der Körper ist relativ gedrungen, vorne und hinten gleichmäßig breit; die Rückenlinie ist recht kurz und hinten gut abgerundet. Rammler und Häsin sind frei von jeglichem Wammenansatz.
Läufe:	Die Läufe sind entsprechend dem Zwergtyp kurz.
Blume:	Die Blume entspricht dem Größenrahmen und liegt fest am Körper an.
Kopf:	Der Kopf ist kurz und kräftig sowie dicht am Körper angesetzt. Er tritt auch bei der Häsin markant in Erscheinung. Die Schnauz- und die Stirnpartie sind relativ breit ausgeprägt (Stirnbreite beim Rammler in Augenhöhe zirka 5,5 cm, bei der Häsin zirka 5 cm).
Ohren:	Die Ohren entsprechen dem Größenrahmen und dem Typ der Zwerg-Schecken. Sie werden zusammenstehend, nach oben leicht v-förmig geöffnet, getragen. Sie sollen kräftig und fest im Gewebe und oben schön abgerundet sein. Die Ohrenlänge gilt mit zirka 6,5 cm als ideal. Die Mindestlänge beträgt 5,5 cm, die Höchstlänge 8 cm. L. F.: Etwas kurze Ohren unter 6,0 cm und etwas lange Ohren über 7,5 cm – je nach Abweichung bis zu einem Punkt Abzug. S. F.: Ohrenlänge unter 5,5 cm oder über 8 cm.
Fellhaar:	Das Fellhaar ist kurz, dicht und weich und zeigt eine elastische, gleichmäßige Begrannung ohne überstehende grobe Haarspitzen. Die Ohren sind gut behaart.

Farbe und Zeichnung

Anerkannt sind die Farbenschläge Schwarz-Weiß, Blau-Weiß, Havannafarbig-Weiß und Dreifarbig. Die Grundfarbe ist rein weiß, mit gutem Glanz versehen. Ebenso weiß ist die Unterfarbe, die sich von der Grundfarbe nicht unterscheidet. Die Zeichnungsfarben Schwarz, Blau, Havannafarbig sowie Schwarz-Gelb sollen rein und nicht mit anders-

farbigen Haaren durchsetzt sein. Die Augen der schwarz-weißen und der dreifarbigen Tiere sind braun, die der blau-weißen Tiere sind blaugrau, die der havannafarbig-weißen braun, leicht rot durchleuchtend. Die Krallen sind farblos (weiß). L. F.: Gelblicher Anflug in der Grundfarbe. Unreine oder mit weißen Haaren leicht durchsetzte Zeichnungsfarbe und Ohrenränder. Weiße Flecken in den Seitenzeichnungspunkten und/oder in den Augenringen im Bereich des Augenringzackens. S. F.: Stark unreine, stark mit weißen Haaren durchsetzte Zeichnungsfarbe. Zweierlei Zeichnungsfarben, außer bei den dreifarbigen Zwergschecken. Weiße Flecken im Schmetterling, im Augenring (außer im Bereich des Augenringzackens), in der Ohrenfarbe oder im Aalstrich. Vorhandensein nur einer Zeichnungsfarbe in einem Zeichnungsmerkmal (mit Ausnahme der Backenpunkte) bei den dreifarbigen Tieren. Andere als die geforderte Augenfarbe, farbige Krallen.
Die Kopfzeichnung besteht aus dem Schmetterling, den Augenringen, den Backenpunkten und der Ohrenzeichnung. Der Schmetterling soll gut ausgeprägt sein. Dazu gehören ein schön abgerundeter Dorn und volle Flügel, die den Unterkiefer beidseitig einfassen. Die Augenringe sind geschlossen und gleichmäßig breit. Die Backenpunkte sind rund oder oval und stehen möglichst frei unter den Augenringen. Die Ohrenzeichnung ist am Ohrenansatz scharf abgegrenzt. L. F.: Gezackter Schmetterling; unschöner Dorn; fleischfarbener Lippenspalt; Fehlen der seitlichen Unterkiefereinfassung. Ungleichmäßige, grobe Augenringe. Unreine Ohrenansätze. Unreiner Kopf (Spritzer). S. F.: Unvollständiger Schmetterling; fehlender Dorn; große Zacken in den Schmetterlingsflügeln. Gänzlich fehlende seitliche Unterkiefereinfassung. Am Unterkiefer geschlossene Einfassung. Weiße Nasenspitze oder weißer Lippenspalt. Anhängender Backenpunkt; Fehlen eines oder beider Backenpunkte; doppelter Backenpunkt ein- oder beidseitig. Nicht geschlossener Augenring; Zusammenhängen eines oder beider Augenringe mit dem Schmetterling oder der Ohrenzeichnung.
Die Rumpfzeichnung wird vom Aalstrich und der Seitenzeichnung gebildet. Der Aalstrich geht gleichmäßig breit (etwa 1,5 cm) vom Genick bis zur Blumenspitze durch. Die Seitenzeichnung besteht aus einzelnen, möglichst frei stehenden, nicht zu großen Flecken von etwa 2 cm Durchmesser. Sie sollen auf beiden Seiten auf Flanken und Schenkeln gleichmäßig verteilt sein. Auf jeder Seite werden etwa bis 7 Seitenflecken gewünscht. Flecken an Brust, Bauch, Läufen oder Unterseite der Blume bleiben unberücksichtigt. Bei der Beurteilung der Zeichnung ist die im Vergleich zu den Kleinschecken geringere Körperoberfläche zu berücksichtigen. L. F.: Gezackter oder ungleichmäßiger, breiter oder schmaler Aalstrich. Unterbrechung des Aalstrichs vom Genick bis zu den Schulterblättern oder vom Ansatz der Blume bis zur hochgelegten Blumenspitze. Am Aalstrich leicht anhängende Seitenzeichnung, schwache, volle oder ungleichmäßige Seitenzeichnung. Anlage zur Ket-

tenzeichnung. S. F.: Deutlich sichtbare Unterbrechung des Aalstriches zwischen den Schulterblättern und der hochgelegten Blumenspitze. Starkes Zusammenhängen der Seitenzeichnung mit dem Aalstrich. Weniger als 3 Seitenflecken auf einer Seite. Fehlen eines Zeichnungsmerkmals.

Allgemeines

Verkleinerungen althergebrachter Rassen auf Kleinrassen- oder Zwerggengröße waren bislang immer von Erfolg gekrönt. Die entsprechenden Verkleinerungen benötigten in aller Regel immer nur wenige Jahre, bis sie die Ausgangsrasse überflügelten, sowohl in der Größe des Bestandes als auch in der Qualität der Tiere. Das liegt auch an dem Sinn der Rassekaninchenzucht: Diente sie in den Anfängen überwiegend der Versorgung mit Fleisch und Fellen, so ist sie heute primär ein schönes Hobby mit großem Freizeitwert. Unter diesem Gesichtspunkt braucht man sich sicherlich auch keine Sorgen über die Zukunft der Zwergschecken zu machen, denn diese Tierchen sind sicherlich ebenso schön und züchterisch so anspruchsvoll wie die größeren Punktscheckenrassen – und das bei deutlich niedrigerem Platz- und Futteraufwand.

Neuzüchtung

Als Neuzüchtung werden zurzeit Zwergschecken, thüringerfarbig-weiß, bearbeitet. Leider gibt es hier noch keine Zuchtbasis, die auf eine alsbaldige Anerkennung hoffen lässt.

1,0 Hermelin RA (R. Riedmann, Karbach). *Foto: B & S Fotostudio*

Hermelin (He RA und BlA)

Zuchtziel

Die Herauszüchtung von Zwergrassen ist eine reine Liebhaberei. Die Hermelin waren jahrzehntelang die einzigen Zwergkaninchen; die Farbenzwerge, die Widder- und Rex-Zwerge kamen erst relativ spät hinzu. Das aus Tierschutzgründen festgelegte Mindestgewicht von einem Kilogramm und die Mindestohrlänge von 4,5 Zentimetern für Kaninchen setzt den tatsächlichen genetischen Möglichkeiten der Verzwergung sinnvolle Grenzen.

Geschichtliches

Ursprünglich nannte man die kleinen, weißen Tiere „Polnische Kaninchen“. 1903 wurden die ersten „Hermelinchen“ aus England bei uns eingeführt; sie waren mit weißen Wildkaninchen nahezu identisch. In Deutschland wurde die Rasse völlig umgezüchtet: Die Tiere wurden kleiner und gedrungener, die Ohren kürzer, aus dem Kopf wurde ein „Bollenkopf“, aus dem Maul ein „Froschmaul“; auch das Fell wurde etwas länger. Während des Ersten Weltkrieges wurde in Sachsen von Zfr. Lohse das Blauaugen-Hermelin erzüchtet. Hermelinkaninchen dominierten zeitweise die Ausstellungen. Heute haben sie zwar eine sehr gute Verbreitung, jedoch lassen viele Tiere in Bezug auf Körperform und Fellhaar doch einige Wünsche offen. Man kann halt eine Kaninchenrasse nicht nur noch auf Kopf und Ohren züchten, ohne dass alles andere nachlässt.

Körperform, Typ, Bau, Stellung, Fellhaar

Gewicht:	Mindestgewicht 1 kg, Höchstgewicht 1,5 kg, Normalgewicht 1,1–1,35 kg. Tiere unter 1 kg Gewicht bleiben ohne Bewertung.
Form, Stellung:	Der Ausdruck der Zwergenhaftigkeit verlangt ein neues Verhältnis von Körper, Kopf und Ohren. Der Körper ist gedrungen, breit, gut gefüllt, der Stand mittelhoch.
Kopf:	Im Verhältnis zum Körper groß, kurz und dick. Schnauze breit, Stirnbreite beim Rammler in Augenhöhe zirka 5,5 cm, Stirnbein stark gebogen, Augenpartie deutlich hervortretend, Nasenbein breit, Froschmaul. Bei beiden Geschlechtern gleichmäßig kräftig. L. F.: Etwas langer, schmaler oder spitzer Kopf. S. F.: Langer, schmaler Kopf.
Augen:	Groß, klar, stark hervortretend, doch keine Glotzaugen. L. F.: Tief liegende Augen.
Ohren:	Kurz, in der Länge zum Körper passend, straff aufgerichtet, fein im Gewebe, oben gut abgerundet, eng zusammenstehend bis leicht v-förmig getragen. Eine Länge von 5,5 cm gilt als ideal. Die Mindestlänge beträgt 4,5 cm, die Höchstlänge 7 cm. L. F.: Grobe, fleischige oder breit getragene Ohren, zusammengeklappte, spitze Ohren, schwach behaarte Ohren, deren Fellhaut rosa durchscheint, Ohrenlänge über 5,5 cm; bis zur zulässigen Höchstlänge von 7 cm ist für jeden halben Zentimeter 1 Strafpunkt abzuziehen. S. F.: Sehr dünne, fast haarlose oder zu grobe, stark fleischige Ohren, über 7 cm sowie unter 4,5 cm lange Ohren.
Rumpf:	Walzenförmig, vorn und hinten gleich breit, Hals und Nacken sind nicht sichtbar.
Rücken:	Rückenlinie ebenmäßig, Hinterpartie gut gerundet.

Blume:	Entsprechend klein und fest am Hinterkörper anliegend.
Läufe:	Kurz und dem Zwergentyp angepasst, Vorderläufe gerade, Hinterschenkel am Rumpf gut anliegend.
Fellhaar:	Kurz, dicht und weich, Begrannung fein und gleichmäßig, überstehende grobe Haarspitzen sind unerwünscht. Die Ohren sind gut behaart.
Häsin:	Der Körper der Häsin unterscheidet sich von dem des Rammlers kaum. Ihr Kopf ist geringfügig schmaler (Stirnbreite etwa 5 cm). Fehlerhaft ist bereits Wammenansatz.

Farbe

Anerkannt sind die Rotaugen- und Blauaugen-Hermelin. Die Deck- und Unterfarbe werden rein weiß gefordert, gelblicher oder grauer Anflug ist verpönt. Die Augen der Rotaugen (Albinos) sind farblos, das Rot des Augenhintergrundes leuchtet durch. Die Augen der Blauaugen sind blau. Die Krallen sind farblos. L. F.: Leichter gelblicher Anflug, graue Halskrause, glanzlose Farbe. S. F.: Stark unreine Farbe, Augenflecken.

Allgemeines

Mit der Zucht sollte man frühzeitig, möglichst schon im Dezember, beginnen, weil das Längenwachstum der Ohren von der Temperatur (in Grenzen) abhängt. Es muss jedoch gesagt werden, dass die Hermelin im Winter oft schlecht aufnehmen, im Frühjahr jedoch ohne Probleme tragend werden. Hermelin-Zucht ist selbst bei bescheidensten Platzverhältnissen möglich. Die Tiere benötigen nur kleine Ställe und sehr wenig Futter. Geworfen werden durchschnittlich nur 3–4 Junge, denn der Zwergwuchs hemmt die Fruchtbarkeit. Der Zwergentyp ist spalterbig. Neben 25 % reinerbigen Zwergen (deutlich kleiner und nicht lebensfähig) und 25 % langohrigen Nichtzwergen fallen aus der Paarung zweier Typenzwerge nur zirka 50 % Typenzwerge. Langohrige „Nichtzwerge“ können zur Zucht eingesetzt werden. Mit einem typischen Zwerg gepaart, bringen auch sie 50 % Typenzwerge, allerdings ist ihre Wurfstärke erheblich höher. Diese Form der Paarung bietet sich auch aus Tierschutzgründen an, weil in der Nachzucht keine nicht lebensfähigen reinerbigen Zwerge zu erwarten sind.

1,0 Farbenzwerge, weißgr. schwarz (N. Gohlke, Glottertal). *Foto: B & S Fotostudio*

Farbenzwerge (FbZw)

Zuchtziel

Zuchtziel ist ein farbiges Zwergkaninchen im Hermelintyp. Mittlerweile gibt es Zwerge fast in jeder Kaninchenfarbe.

Geschichtliches

Die Rasse kommt aus Holland. Dort war sie bereits 1940 in den Standard aufgenommen worden. Schon 1939 waren die ersten Farbenzwerge nach Deutschland gelangt; infolge der Kriegs- und Nachkriegsereignisse sind sie verloren gegangen. 1948/49 war die Rasse in Mülheim a. d. R. und Kleve wieder zu sehen. 1956 wurden die ersten Farbenzwerge in den deutschen Standard aufgenommen. Heute ist nahezu jede der zugelassenen Kaninchenfarben und -zeichnungen anerkannt. Farbenzwerge sind heute recht gut verbreitet. Die Qualität weicht von Farbenschlag zu Farbenschlag noch sehr stark ab, sehr gut ist sie bei den Grauen, Weißgrannenfarbigen und den Schwarzen, aber auch viele der Russen- und Marderfarbigen sowie andere Farbenschläge können sich heute durchaus sehen lassen.

1,0 Farbenzwerge, perlfehfarbig (A. Todter, Owen/Teck). *Foto: B & S Fotostudio*

 1,0 Farbenzwerge, marderfarbig blau (W. Nagel, Tennenbronn). *Foto: B & S Fotostudio*

Körperform, Typ, Bau, Stellung, Fellhaar

Gewicht:	Mindestgewicht 1 kg, Höchstgewicht 1,5 kg, Normalgewicht 1,1–1,35 kg. Tiere unter 1 kg Gewicht bleiben ohne Bewertung.
Form, Stellung:	Der Ausdruck der Zwergenhaftigkeit verlangt ein neues Verhältnis von Körper, Kopf und Ohren. Der Körper ist gedrungen, breit, gut gefüllt, der Stand mittelhoch.
Kopf:	Im Verhältnis zum Körper groß, kurz und dick. Schnauze breit, Stirnbreite beim Rammler in Augenhöhe zirka 5,5 cm, Stirnbein stark gebogen, Augenpartie deutlich hervortretend, Nasenbein breit, Froschmaul. Bei beiden Geschlechtern gleichmäßig kräftig. L. F.: Etwas langer, schmaler oder spitzer Kopf. S. F.: Langer, schmaler Kopf.
Augen:	Groß, klar, stark hervortretend, doch keine Glotzaugen. L. F.: Tief liegende Augen.
Ohren:	Kurz, in der Länge zum Körper passend, straff aufgerichtet, fein im Gewebe, oben gut abgerundet, eng zusammenstehend bis leicht v-förmig getragen. Eine Länge von 5,5 cm gilt als ideal. Die Mindestlänge beträgt 4,5 cm, die Höchstlänge 7 cm. L. F.: Grobe, fleischige oder breit getragene Ohren, zusammengeklappte, spitze Ohren, schwach behaarte Ohren, deren Fellhaut rosa durchscheint, Ohrenlänge über 5,5 cm; bis zur zulässigen Höchstlänge von 7 cm ist für jeden halben Zentimeter 1 Strafpunkt abzuziehen. S. F.: Sehr dünne, fast haarlose oder zu grobe, stark fleischige Ohren, über 7 cm sowie unter 4,5 cm lange Ohren.
Rumpf:	Walzenförmig, vorn und hinten gleich breit, Hals und Nacken sind nicht sichtbar.
Rücken:	Rückenlinie ebenmäßig, Hinterpartie gut gerundet.
Blume:	Entsprechend klein und fest am Hinterkörper anliegend.
Läufe:	Kurz und dem Zwergentyp angepasst, Vorderläufe gerade, Hinterschenkel am Rumpf gut anliegend.
Fellhaar:	Kurz, dicht und weich, Begrannung fein und gleichmäßig, überstehende grobe Haarspitzen sind unerwünscht. Die Ohren sind gut behaart.
Häsin:	Der Körper der Häsin unterscheidet sich von dem des Rammlers kaum. Ihr Kopf ist geringfügig schmaler (Stirnbreite etwa 5 cm). Schwer fehlerhaft ist bereits Wammenansatz.

1,0 Farbenzwerge, japanerfarbig (H.-J. Brey, Büdingen). *Foto: B & S Fotostudio*

1,0 Farbenzwerge, siamesenfarbig gelb (H. Bender, Linsheim). *Foto: B & S Fotostudio*

Farbe und Zeichnung

Die Farbbeschreibung der Ausgangsrassen ist bei den Farbenzwergen in den Positionen 5 und 6 folgendermaßen anzuwenden:

Farbenschlag	**Position 5**	**Position 6**
Grau	Deckfarbe und Gleichmäßigkeit	Zwischen- und Unterfarbe
Blau	Deckfarbe und Gleichmäßigkeit	Unterfarbe
Schwarz	Deckfarbe und Gleichmäßigkeit	Unterfarbe
Havannafarbig	Deckfarbe und Gleichmäßigkeit	Unterfarbe
Rot	Deckfarbe und Gleichmäßigkeit	Unterfarbe
Fehfarbig	Deckfarbe und Gleichmäßigkeit	Unterfarbe
Separatorfarbig	Deckfarbe und Gleichmäßigkeit	Unterfarbe
Chinchillafarbig	Deckfarbe und Schattierung	Zwischen- und Unterfarbe
Deilenaarfarbig	Deckfarbe und Schattierung	Zwischen- und Unterfarbe
Luxfarbig	Deckfarbe und Gleichmäßigkeit	Zwischen- und Unterfarbe
Perlfehfarbig	Decke, Perlung, Gleichmäßigkeit	Zwischen- und Unterfarbe
Silberfarbig	Silberung und Gleichmäßigkeit	Zwischen- und Unterfarbe
Thüringerfarbig	Deckfarbe und Abzeichen	Unterfarbe
Marderfarbig	Deckfarbe und Abzeichen	Unterfarbe
Siamesenfarbig	Deckfarbe und Abzeichen	Unterfarbe
Weißgrannenfarbig	Deckfarbe und Abzeichen	Unterfarbe
Hototfarbig	Zeichnung	Farbe
Rhönfarbig	Zeichnung	Farbe
Lohfarbig	Kopf- und Rumpfzeichnung	Farbe
Russenfarbig	Kopf- und Rumpfzeichnung	Farbe
Holländerfarbig	Kopf- und Rumpfzeichnung	Farbe
Japanerfarbig	Kopf-, Ohren- und Rumpfzeichng.	Farbe
Schwarzgrannen	Deckfarbe und Gleichmäßigkeit	Unterfarbe

L. F. und S. F. : Bezüglich Gewicht, Form, Fell, Kopf und Ohren gelten die bei den Hermelin aufgeführten Fehler, bezüglich Farbe und Zeichnung die der entsprechenden Ausgangsrassen.

Allgemeines

Die Farbenzwerge sind für Züchter und Liebhaber mit eingeschränkten Haltungsbedingungen. Eine Zeit lang schien es, als würden sie die deutschen Wohnzimmer erobern, denn sie dienten vielfach als Spielkameraden der Kinder. Doch hat auch ein Kaninchen Anspruch auf eine ihm

1,0 Farbenzwerge, thüringerfarbig (H. Mamier, Whyl). *Foto: B & S Fotostudio*

gemäße Pflege. Tierliebe ist nicht zu erlernen; man muss sie vielmehr besitzen und die Möglichkeit haben, Kinder anzuleiten und anzuhalten. Als Spielzeug, dessen man rasch überdrüssig wird, ist das Kaninchen zu schade. Auch der Rassekaninchenzüchter, der sich, allzu oft animiert von der „Niedlichkeit" der Farbenzwerge, ihrer Zucht zuwandte, verlor häufig sehr schnell die Geduld, wenn er merkte, wie viel Schwierigkeiten diese Zucht in sich trägt. Neben diesen „Wechselzüchtern", die kommen und gehen, haben viele Farbenzwergrassen auch geduldige und engagierte Züchter gefunden, die sich all den Schwierigkeiten dieser Zucht stellen. Einige Farbenschläge stehen in ihren Spitzenzuchten, was den Zwergentyp anbelangt, den Hermelin nicht mehr nach.

Neuzüchtung

Als Neuzüchtung wurden auf der 27. Bundes-Kaninchenschau in Nürnberg Farbenzwerge, mantelgescheckt in den Farben Thüringerfarbig-Weiß, Wild-/Hasengrau-Weiß, Blau-Weiß und Schwarz-Weiß gezeigt. Es waren sehr ansprechende Tiere darunter, aber auch ein beträchtlicher Teil, der das Klassenziel noch nicht erreichte. Vielleicht wäre es auch sinnvoll gewesen, sich zunächst auf einen Farbenschlag zu konzentrieren. So wird es sicher noch einige Zeit dauern, bis es in all diesen Farbenschlägen genügend Züchter und ansprechende Tiere gibt, die eine Anerkennung rechtfertigen.

Abteilung V – Haarstrukturrassen

Satin (Sa)

Zuchtziel

Hauptrassemerkmal ist die ungewöhnliche Struktur des Fellhaares und – dadurch bedingt – der bei keiner anderen Rasse zu beobachtende Glanzeffekt der Fellfarben. Da der Satin-Faktor wie der Rex-Faktor angeblich eine Schwächung der Konstitution bewirken soll, möge der Züchter auf Vitalität und Robustheit seiner Zuchttiere noch mehr als sonst achten. Zwar sind die elfenbeinfarbigen Satin nach wie vor am stärksten verbreitet, die „wahre Satinzucht“ jedoch befasst sich mit den pigmentierten Satinrassen, denn erst hier entfaltet der „Satinfaktor“ seine ganze Wirkung.

Geschichtliches

Mitte der 30er-Jahre des 20. Jahrhunderts hatte der Züchter Walter Hueg/USA in einem Havanna-Wurf ein einzelnes Tier entdeckt, dessen Fellhaar wie Seide glänzte. Auf einer der nächsten Ausstellungen wurde es von Kennern und Laien bewundert, wenig später wurde die neue Rasse in den Standard of Perfection aufgenommen. 1973 wurde sie auch in der Bundesrepublik anerkannt. Im Gegensatz zu Amerika, in dem die Rasse mit über 5 kg zu den größeren gehört und eine verjüngte Form mit extrem breit ausgeprägter Hinterpartie sowie einem Karpfenrücken angestrebt wird, ist in Deutschland das Zuchtziel bezüglich Form und Typ an das Havannakaninchen angelehnt. Die Rasse, insbesondere der elfenbeinfarbene Schlag, hat nach und nach eine große Verbreitung gefunden. Bleibt zu hoffen, dass, wie es sich tendenziell bereits andeutet, auch die anderen Farbenschläge noch viel mehr Züchter finden werden.

Allgemeine Forderungen an alle Satin:

Körperform, Typ, Bau, Stellung

Gewicht:	2,5–3,25 kg, Normalgewicht 3,25 kg und mehr, Höchstgewicht 4 kg.
Form, Stellung:	Der Körper ist zwar leicht gedrungen, jedoch keinesfalls plump. Die Stellung ist mittelhoch.
Rumpf:	Der Rumpf ist breit, vollfleischig, nicht verjüngt und ohne sichtbaren Hals.
Rücken:	Die Rückenlinie verläuft ebenmäßig, ist hinten gut abgerundet.

Läufe:	Knapp mittellang, kräftig, gerade, breit gestellt.

Kopf und Ohren

Kopf:	Der Kopf ist kurz und breit, aber nicht so kräftig ausgeprägt wie bei den ausgesprochen gedrungenen Rassen. Er ist dicht am Körper angesetzt. Er wirkt besser, wenn die Nasenlinie leicht geramst ist.
Ohren:	Die Ohren sind fest und stabil im Gewebe, an den Enden gut abgerundet und entsprechen in der Länge dem leicht gedrungenen Körper.

Fellhaar, Haarstruktur und Satinfaktor

Fellhaar:	Das Fellhaar weist eine Länge von 2,5 bis 2,8 cm auf. Es ist dicht und fühlt sich weich an. Es zeigt eine sehr dichte Begrannung, welche bewirkt, dass das Fell beim Streichen gegen den Strich schneller in die Ausgangslage zurückgleitet als beim Normalhaar. Die Grannen selbst sind fein und überragen das Unterhaar nur wenig.
Haarstruktur:	Die Verdünnung des Haarschaftdurchmessers muss bei allen Haartypen, beim Grannen-, Deck- und Unterhaar eindeutig erkennbar sein. Daher ist bei der Felldichteprüfung, trotz guter Felldichte der Satin, die Haut deutlicher erkennbar.
Satinfaktor:	Die Haarhaut wird beim Satin gebildet durch ein transparentes Oberflächenhäutchen mit sehr feiner, schindelartiger Struktur. Im Gegensatz zum Normalhaar mit grob strukturiertem, milchigem Oberflächenhäutchen, erfolgt bei den Satin eine deutlich intensivere Farbwiedergabe. Außerdem tritt stark ein seidiger Glanz (Satin = Seide) des Felles in Erscheinung.

Bei allen farbigen Satinkaninchen erscheint die Farbe etwas dunkler als bei den entsprechenden Normalhaartieren. Besonders stark tritt diese Abdunkelung der Farbe bei den feh- und luxfarbigen Satin zu Tage. Das ist eine normale Folge der Lichtbrechungs- und -reflexionseigenschaften des Satinhaares und kein Fehler!

0,1 Satin-Elfenbein (G. Lutz, Willstätt). *Foto: B & S Fotostudio*

 1,0 Satin-Schwarz (R. Feike, Oberriexingen). *Foto: B & S Fotostudio*

Die Farbenschläge

Satin-Elfenbein (SaE)

Farbe

Die Elfenbeinfarbe ist am ganzen Körper intensiv. Die Augenfarbe ist blassrot oder blau, die Krallen sind farblos. L. F.: Wenig Seidenglanz, wenig Elfenbeintönung. S. F.: Kein Seidenglanz, rein weiße Fellfarbe.

Satin-Schwarz (SaSch)

Farbe

Die Deckfarbe ist glänzend schwarz und soll sich gleichmäßig über den ganzen Körper erstrecken. Die Augen sind dunkelbraun, die Krallen dunkelhornfarbig. Die Unterfarbe ist dunkelblau bis zur Haut. L. F.: Weiß durchsetzte Deckfarbe, brauner Anflug (Rost), helle oder durchsetzte Unterfarbe. S. F.: Stark weiß durchsetzte Deck- oder Unterfarbe, starker Rost, sichtbare weiße Büschel. Falsche Augen- oder Krallenfarbe.

Satin-Blau (SaBl)

Farbe

Die Deckfarbe ist glänzend mittelblau und erstreckt sich über den gesamten Körper. Die Augen sind blaugrau, die Krallen dunkelhornfarbig. Die Unterfarbe ist eine Nuance heller und geht bis zur Haut durch. L. F.: Helle, melierte Decke, sehr dunkle Decke, leichter brauner Anflug, helle oder leicht durchsetzte Unterfarbe, helle Krallen. S. F.: Zu helle oder zu dunkle (fast schwarze) Decke, starker Rost, stark weiß durchsetzte Decke, sichtbare weiße Büschel in der Decke. Andere als die vorgeschriebene Augenfarbe, zweierlei Krallenfarbe, stark durchsetzte Unterfarbe, am Haarboden weiß abgesetzte Unterfarbe.

Satin-Havanna (SaHav)

Farbe

Die Deckfarbe ist glänzend dunkelbraun, je satter, desto besser, am ganzen Körper gleichmäßig getönt. Die Augen sind braun, leicht rot durch-

0,1 Satin-Blau (A. Bartylla, Kassel). *Foto: B & S Fotostudio*

 1,0 Satin-Havanna (W. Nöppert, Bremervörde). *Foto: B & S Fotostudio*

1,0 Satin-Rot (M. Zinke, Linsengericht). *Foto: B & S Fotostudio*

1,0 Satin-Feh (A. Schwankl, Grafenau). *Foto: B & S Fotostudio*

1,0 Satin-Lux (H. Dehler, Martinlamitz). *Foto: B & S Fotostudio*

leuchtend, die Krallen sind dunkelhornfarbig. Die Unterfarbe ist blau, bis zur Haut durchgehend. L. F.: Melierte Decke, Rostanflug, etwas helle Krallen, durchsetzte Unterfarbe. S. F.: Stark weiß durchsetzte Deck- und Unterfarbe, sichtbare weiße Büschel, starker Rost, deutlich über der Haut weiß abgesetzte Unterfarbe. Andere Augenfarbe, farblose oder zweierlei Krallen.

Satin-Rot (SaRo)

Farbe

Die Deckfarbe ist intensiv, glänzend orangerot bis rot und gleichmäßig. Kinnbacken, Augeneinfassung und Blumenunterseite sind cremefarben, die Bauchdecke ist heller als die übrige Deckfarbe. Die Augen sind braun, die Krallen hornfarbig. Die Unterfarbe ist cremefarben und geht bis zur Haut durch. L. F.: Abweichungen der Deckfarbe nach Hell oder Dunkel, leichter dunkler Anflug auf der Decke oder an den Ohrenrändern, fast elfenbeinfarbene Blumenunterseite, helle Bauchdeckfarbe, durchsetzte Unterfarbe. S. F.: Stark mit weißen oder mit schwarz gespitzten Haaren durchsetzte Deckfarbe, schwarze Ohrenränder, gänzlich weiße Bauchfarbe oder Blumenunterseite, über der Haut deutlich weiß abgesetzte Unterfarbe.

Satin-Feh (SaFe)

Farbe

Die Deckfarbe ist ein glänzendes, helles Blau, überzogen mit einem leichten bräunlichen Schleier, der an den kurz behaarten Körperstellen am stärksten in Erscheinung tritt. Auf Grund des Satinfaktors ist die Fehfarbe etwas dunkler als bei normalhaarigen Marburger Feh. Die Augen sind blaugrau, je nach Lichteinfall rötlich durchleuchtend, die Krallen sind dunkel bis hornfarbig. Die Unterfarbe weicht kaum von der Deckfarbe ab und geht bis zur Haut durch. L. F.: Leicht durchsetzte oder melierte Deckfarbe, leichter Rost, etwas helle Unterfarbe. S. F.: Starke Farbabweichungen, farblose Krallen, über dem Haarboden deutlich weiß abgesetzte Unterfarbe.

Satin-Kalifornier (SaKal)

Zeichnung und Farbe

Zugelassen wurde 1994 vorerst nur der schwarz-weiße (elfenbeinfarbige) Farbenschlag, im Jahre 2000 kam der havannafarbig-weiße dazu.
Die Zeichnung erfasst Maske, Ohren, Vorderläufe, Hinterläufe und Blume. Die Maske hat eine ovale Form, ist gut abgerundet, soll die Nase abdecken und seitlich bis zum Oberkiefer reichen. Auch den Unterkiefer darf sie einfassen. Sie sollte jedoch nicht zu groß sein und über Augenhöhe reichen. Die Ohren sind an der Wurzel möglichst scharf abgegrenzt. Die Zeichnung der Vorderläufe reicht bis zum Ellenbogen, die der Hinterläufe bis übers Sprunggelenk. Die Blume ist von der Wurzel bis zur Spitze gezeichnet.
Die Grundfarbe ist elfenbeinfarbig, die Zeichnungsfarbe schwarz oder satthavannafarbig. Die Augen sind blassrot, die Krallen dunkel. L. F.: Ungleichmäßige, zackige Maske, Augenrandanflug. Farbsäume zwischen Grund- und Zeichnungsfarbe, kleiner Zeichnungsfleck an der Kehle.
S. F.: Zu große Maske, ausgeprägte Augenringe, weiße Flecken in der Zeichnung, schwarze Flecken in der Grundfarbe, zweierlei oder farblose Krallen.

0,1 Satin-Kalifornier, schwarz-weiß (B. Klos, Bruchmühlbach). *Foto: B & S Fotostudio*

 0,1 Satin-Kalifornier, hav.-weiß (D. Schliedermann, Niedermohr). Foto: B & S Fotostudio

Satin-Hasenfarbig (SaHa)

Deckfarbe und Unterfarbe

Die Farbe entspricht der des Hasenkaninchens: Wegen des etwas längeren Felles und der feineren Begrannung ist jedoch die hasenkaninchen-typische Schattierung bei den entsprechenden Satin nicht so extrem ausgeprägt.
Die Deckfarbe ist rotbraun, glänzend, mit einer feinen schwarzen Schattierung. Brust und Läufe sind nicht schattiert. Bauchdecke, Kinnbackeneinfassung, Augeneinfassung und Blumenunterseite sind lohfarbig, je intesiver, desto besser. Die Augen sind braun, die Krallen dunkelhornfarbig. Die Zwischenfarbe ist sehr breit und leuchtend orangerot (ca. 10 mm). Die Unterfarbe am Rücken ist blau und mit etwa $^{1}/_{3}$ der Haarlänge nicht zu breit. Am Bauch ist blaue Unterfarbe nur in Brust- und Schoßpartie erwünscht, ansonsten ist die Unterfarbe hier kräftig lohfarbig. L. F.: Wenig Schattierung, hell abgesetzte Seiten und Schenkel, blasse Lohe, weiße Blumenunterseite, etwas breite Unterfarbe. S. F.: Fast schwarze Deckfarbe am Rücken, fehlende Schattierung, sichtbare weiße Flecken, stark weiße Durchsetzung. Fehlen der blauen Unterfarbe auf der Brust und in den Schoßflecken.

Satin-Thüringer (SaTh)

Deckfarbe, Abzeichen und Unterfarbe

Die Thüringerfarbe erscheint unter Einwirkung des Satinfaktors viel intensiver und kontrastreicher als im Normalhaarfell.
Die Deckfarbe ist glänzend, sattorangerot. Sie wird mit einem leichten Schleier aus rußfarbig gespitzten Grannenhaaren überzogen. Bauchfarbe und Farbe der Abzeichen sind dunkel (rußartig). Leichte Abweichungen der Gesamtfarbe hin nach Hell oder Dunkel sind statthaft, jedoch ist dem mittleren Schlag der Vorzug zu geben. Die Augen sind braun, die Krallen sind dunkelhornfarbig. Die Abzeichen bestehen aus der Maske, die nicht über Augenhöhe reichen sollte, den dunklen Ohren, Läufen, Augeneinfassungen, Kinnbackeneinfassungen, Flanken und Schenkeln sowie der dunklen Blume. Sie sind nicht scharf abgegrenzt, sollten intensiv – jedoch nicht schwarz – sein. Die Unterfarbe ist an den hellen Körperstellen kräftig gelbrot, bis zur Haut reichend, an den dunklen Körperstellen cremefarben. L. F.: Weiß durchsetzte Unterfarbe, sehr schwacher oder sehr starker Rußanflug in der Decke. Unklare, verwaschene Abzeichen, aufgehellte oder leicht unreine Unterfarbe. S. F.: Starke, weiße Durchsetzung, sichtbare weiße Büschel, völlig fehlender Rußanflug am Rücken, fehlen-

0,1 Satin-Thüringer (K. Hess, Neuhausen). *Foto: Trinkhaus*

 1,0 Satin-Chinchilla (R. Josef, Darmstadt). *Foto: B & S Fotostudio*

de Abzeichen, einfarbiger, dunkler Kopf, blaue Unterfarbe auf dem Rücken.

Satin-Chinchilla (SaCh)

Deckfarbe und Schattierung, Zwischen- und Unterfarbe

Die Farbe entspricht zwar im Wesentlichen der normalhaariger Chinchillakaninchen, jedoch wegen der feineren Begrannung des Satinfelles tritt bei den chinchillafarbigen Satin die Schattierung nicht so extrem zu Tage wie bei den Normalhaarchinchillas.
Die Deckfarbe erscheint als ein bläulich abgetöntes Aschgrau mit einer flockigen Schattierung. Die Deckfarbe wird durch weiß-schwarz gespitzte Haare gebildet, zwischen denen rein schwarz gespitzte Haare büschelartig zusammenstehen, die eine leicht flockige Schattierung ergeben. Beim Hineinblasen ins Fell wird ein etwa 2–3 mm breiter schwarzer Streifen sichtbar, der sich unter der Decke befindet. Die Farbe von Brust und Läufen sollte der Gesamtfarbe entsprechen, ist jedoch nicht schattiert. Die Ohrenränder sind schwarz gesäumt, der Genickkeil ist klein und grauweiß. Die Bauchdecke ist weißlich mit dunklen Schoßflecken. Die Augen sind dunkelbraun, die Krallen dunkelhornfarbig. Auf Grund des Satinfaktors sind beim SaCh die Farbkontraste im Fell gegenüber dem normalhaarigen Satin deutlich reduziert. Die Zwischenfarbe ist ca. $^1/_2$ cm breit, möglichst weiß und scharf abgegrenzt gegenüber Deck- und Unterfarbe. Die Unterfarbe, die etwa $^2/_3$ der Haarlänge erfasst, ist bläulich auch am gesamten Bauch vorhanden. Bei überjährigen Häsinnen wird sie mit Rücksicht darauf, dass diese sich zum Nestbau den Bauch rupfen, nur noch in der Schoßpartie gefordert.
L. F.: Schwache Schattierung, leichter, bräunlicher Anflug (Rostanflug), Bindenansätze. Etwas schmale oder etwas breite, verwaschene Zwischenfarbe, unreine Unterfarbe, Vorhandensein der Bauchunterfarbe nur im Brust- und Schoßbereich. S. F.: Fehlende Schattierung, starker Rost, braun getönte, zu breite oder fehlende Zwischenfarbe. Stark durchsetzte Unterfarbe, Fehlen der Bauchunterfarbe auch im Brust- und Schoßbereich.

Satin-Siamesen (SaSiam)

Deckfarbe, Abzeichen und Unterfarbe

Die Deckfarbe bei den Siamesen ist ein helles, cremiges Gelbbraun, gebildet durch rußfarbig gespitzte Haare, das am deutlichsten an den mit

1,0 Satin-Siamesen (R. Lohmann, Itzehoe). *Foto: B & S Fotostudio*

 1,0 Satin-Castor (L. Schmitter, Sigmaringendorf). *Foto: B & S Fotostudio*

Abzeichen behafteten Körperstellen zur Geltung kommt. Die nicht von den Abzeichen erfassten Körperstellen hingegen wie Backen, Brust, Bauch und Flanken sind sehr hell, im Idealfall elfenbeinartig. Die Augen sind braun, je nach Lichteinfall rötlich durchleuchtend, die Krallen sind hornfarbig. Die Abzeichen bestehen aus der Maske, die etwa bis in Augenhöhe läuft und nicht scharf begrenzt ist, der dunklen Augeneinfassung, den dunklen Ohren, den dunklen Läufen, einschließlich Hinterschenkeln, der dunklen Blume sowie dem dunkleren Rückenstreifen. Die Unterfarbe ist weiß bis schmutzig weiß. L. F.: Fleckige Decke, unvollständiger Rückenstreifen, etwas verschwommene Abzeichen. S. F.: Völlig dunkler Kopf, völliges Fehlen eines Abzeichens, weiße Büschel, ausgeprägte Thüringerzeichnung.

Satin-Castor (SaCa)

Deckfarbe, Zwischenfarbe und Unterfarbe

Die Deckfarbe ist glänzend rötlich kastanienbraun und mittel bis dunkel getönt. Sie soll möglichst gleichmäßig über den ganzen Körper gehen und an den Seiten weit nach unten reichen. Auf der gesamten Decke soll ein dunkler Schleier, gebildet aus schwarz gespitzten Grannen, liegen. Kinnbacken- und Augeneinfassung sind cremefarben, ebenso die Innenseite der Läufe. Bauchdecke und Blumenunterseite sind rein weiß bis elfenbeinfarbig. Der Nackenkeil ist klein und rostbraunrot. Die Augen und die Krallen sind dunkelbraun. Die Zwischenfarbe ist leuchtend rostbraun, etwa 5 mm breit und zur Unterfarbe scharf abgegrenzt. Die Unterfarbe, die etwa $^{2}/_{3}$ der Haarlänge erfasst, ist blau, ebenso die Bauchunterfarbe am gesamten Bauch. L. F.: Etwas helle oder leicht durchsetzte Deckfarbe, leichter Grauton, helle Binden, etwas schmale oder etwas breite Zwischenfarbe, etwas helle oder durchsetzte Unterfarbe, aufgehellte Bauchunterfarbe, soweit sie noch an Brust und Schoß vorhanden ist. S. F.: Fast schwarze Deckfarbe, völlig graue Seiten und Schenkel, stark weiß durchsetzte Decke, cremefarbene Bauchdecke, völliges Fehlen der blauen Bauchunterfarbe, sehr schmale, sehr breite oder stark verwaschene Zwischenfarbe. Andere als die vorgeschriebene Krallen- und Augenfarbe.

Satin-Lux (SaLu)

Deckfarbe, Zwischen- und Unterfarbe

Die Deckfarbe auf der Oberseite ist hellsilberblau mit durchscheinender braunroter Tönung (fehwildfarbig). Der Nackenkeil ist klein und

1,0 Satin-Rhön (M. Richter jun., Wetzlar). *Foto: Wolters*

braunrot. Augeneinfassung, Kinnbackeneinfassung, Bauchdecke, Innenseite der Läufe sowie Unterseite der Blume sind hell bis weiß. Die Augen sind blaugrau, je nach Lichteinfall rötlich durchleuchtend. Die Krallen sind hornfarbig. Auf Grund des Satinfaktors erscheint die Deckfarbe etwas dunkler als beim Normalhaar-Luxkaninchen. Die Zwischenfarbe ist braunrot, zirka 6 – 8 mm breit und scharf abgegrenzt. Die Unterfarbe ist am Oberkörper rein weiß und scharf abgegrenzt, am Bauch ist sie bläulich. An die Bauchunterfarbe sollten keine übertrieben hohen Anforderungen gestellt werden, weil diese einerseits durch den Satinfaktor etwas verdünnt wird und andererseits die meisten Tiere mit einwandfreier Färbung am Rücken hier ihre Schwierigkeiten haben, während solche mit leicht vergrauter Rückenunterfarbe meist einwandfreie Bauchunterfarben haben. L. F.: Helle Binden, leichter Rost, etwas schwache oder schmale Zwischenfarbe, leicht unreine Rückenunterfarbe, schwache Bauchunterfarbe. S. F.: Stark weiß durchsetzte Deckfarbe, weiße Büschel, starker Rost, fehlende Zwischenfarbe, bläuliche Unterfarbe am Rücken. Fehlen der Bauchunterfarbe am gesamten Bauch.

Allgemeines

Die Satinkaninchen sind eine leistungsfähige und überaus frohwüchsige Rasse, die leider in vielen Stämmen auch verstärkt zur Verfettung neigt. Man sollte zur Schlachtung vorgesehene Tiere also entweder früh schlachten oder zurückhaltend füttern. In der Zucht muss Wert auf Reinerbigkeit gelegt werden. Tiere, die auf Fremdrasseneinkreuzung schließen lassen (Neuseeländertyp) sollten ausgemerzt werden, Kreuzungen der einzelnen Farben untereinander sollten unterbleiben. Zu beachten ist des Weiteren, dass bei Rammlern relativ häufig missgebildete Penisse auftreten (Spaltpenisse, angewachsene oder verwachsene). Ziel sollte sein, die Rasse wammenfrei zu züchten.

Neuzüchtungen

Mit den Satin-Rhön ist ein weiterer Farbenschlag der Satin in der Bearbeitung. Die 20 Tiere auf der 27. Bundes-Kaninchenschau in Nürnberg 2005 hinterließen einen recht guten Eindruck, 65 Prozent sg-Tiere sprechen eine eindeutige Sprache. Wenn es hier noch gelingt, einige weitere Züchter zu begeistern und die Herauszüchter weiter bei der Stange bleiben, dürfte die Anerkennung sicher nicht mehr ewig auf sich warten lassen.
Etwas schwerer haben es da sicherlich die Zwergsatin in Rot, die auf dieser Schau zwar mit 64 Tieren anwesend waren, bei denen im groben Schnitt gesehen doch noch einiges zu verbessern ist, dafür sprechen 23 Prozent nb-Tiere, denen nur 17 Prozent sg-Tiere gegenüberstanden. So ist es auch verständlich, dass die Standardkommission einer Zulassung weiterer Farbenschläge zur Neuerzüchtung eher kritisch gegenübersteht und diese als verfrüht ansieht.

Abteilung VI – Kurzhaarrassen

Rexkaninchen (Rex)

Zuchtziel

Ihr Fell begründet die Eigenart dieser Rasse, denn Unterwolle und Deckhaar sind bedeutend kürzer als bei den Normalhaarrassen. Die Haare sind 17–20 mm lang und stehen senkrecht zum Haarboden; die Grannenhaare sind äußerst fein, dürfen nicht gekrümmt sein, sollen mit der Unterwolle glatt abschneiden oder diese nicht mehr als 1 mm überragen. Das Merkmal der Kurzhaarigkeit lässt sich durch Kreuzung auf alle Kaninchenrassen übertragen; daraus erklärt sich die große Farbauswahl der Rexe.

Geschichtliches

Eines Tages im Jahre 1919 entdeckte der französische Kleinbauer Caillon in Coulongé im Nest einer grauen Kreuzungshäsin ein Jungtier, dem das Haar später als seinen Wurfgeschwistern wuchs. Dies wiederholte sich auch beim nächsten Wurf. Abbé Amedé Gillet, der Pfarrer des Dorfes, wurde aufmerksam und kaufte dem Bauern beide Tiere, ein Paar, ab. Deren Nachkommen waren durchweg kurzhaarig und ausnahmslos mit einem körperlichen Defekt behaftet. Deshalb kreuzte Gillet normalhaarige Tiere ein. Sechs Tiere aus solchen Würfen stellte er 1924 in Paris als „Castor-Rexe“ der staunenden Öffentlichkeit vor. 1926 wurden die ersten Rexe in Deutschland gezeigt. Sie waren hier, wie überall, wo sie auftauchten, die Sensation aller Ausstellungen. Von der schwächeren Vitalität, die die ältere Literatur gerne noch den Rexen zuschrieb, ist heute kaum noch etwas zu merken. Lediglich Kahlstellen unter den Sohlen, teilweise auch wunde Läufe, finden wir bei den Rexen häufiger als bei den anderen Rassen, das mag jedoch auch an der dünnen Behaarung liegen. Einige Farbenschläge gehören mit zu den Spitzenrassen der deutschen Kaninchenzucht, andere fristen ein Schattendasein.

Gewicht

Wegen der unterschiedlichen Abstammung der Rexe gibt es zwei Gewichtsklassen.
Gewichtsbewertung:

a) Chin-Rexe, Blau-Rexe, Weiß-Rexe, Dreifarben-Schecken-Rexe, Dalmatiner-Rexe, Gelb-Rexe, Castor-Rexe, Schwarz-Rexe, Havanna-Rexe, Blaugrau-Rexe, Rhön-Rexe, Japaner-Rexe: 2,5 bis 3,5 kg, Normalgewicht über 3,5 kg, Höchstgewicht 4,0 kg.

b) Feh-Rexe, Lux-Rexe, Loh-Rexe, Marder-Rexe und Russen-Rexe: 2,375 bis 3 kg, Normalgewicht über 3 kg, Höchstgewicht 4,5 kg.

Körperform, Typ, Bau, Stellung, Fellhaar

Form, Stellung: Vorbild für alle Rexe sind Körperform und Bau des Castor-Rex. Als Folge des kurzen Haares weicht die Form von der der normalhaarigen Rassen etwas ab, weil die Umrisse der Körperformen schärfer in Erscheinung treten. Wesentlich ist eine leicht gestreckte, dennoch harmonisch wirkende Form.

Kopf: Erscheint etwas länglicher als bei den Normalhaarrassen; dennoch sind Stirn und Schnauze breit, die Backen kräftig.

Ohren: Kräftig, fleischig, gut behaart; sie werden straff aufgerichtet getragen und haben in Länge und Breite dem Körper zu entsprechen. Verglichen mit den Ohren der normalhaarigen Rassen, erscheinen sie etwas länger.

Rumpf: Leicht gestreckt, walzenförmig, Vorder- und Hinterpartie gleichmäßig breit; Schulter gut bemuskelt, Hinterpartie gut gerundet. Hals und Nacken nur leicht sichtbar angedeutet.

Blume: Aufgerichtet und anliegend getragen.

Rücken: Rückenlinie ebenmäßig, Hinterpartie gut gerundet.

Läufe: Mittellang, kräftig, gerade.

Fellhaar: Verlangt wird ein sehr dichtes und auf dem Haarboden fast senkrecht stehendes Fellhaar, das auf der Rückenmitte eine Länge von 17 bis 20 mm hat. Wellen- oder gar Lockenbildung der einzelnen Haare ist verpönt. Die Haare haben stabil zu sein, so dass sie, mit der flachen Hand gegen den Strich niedergedrückt, senkrecht stehen bleiben oder nur langsam ihre ursprüngliche Lage einnehmen. Bei einem zu dünnen oder zu weichen Fell bleiben die Haare liegen. Die Grannenhaare sind fein, gerade und haben die gleiche Länge wie das Unterhaar; jedenfalls sollen die Grannenspitzen das Wollhaar höchstens 1 mm überragen. Der Keil im Nacken ist möglichst klein und lockenfrei. Das Fell ist umso wertvoller, je glatter die Nackenpartie ist; doch werden sich wellige oder lockige Haare im Nackenkeil und am Bauch, vor allem in der Geschlechtspartie nicht völlig umgehen lassen. L. F.: Leichte Wirbel- oder Lockenbildung in der Decke (Keil und Bauch ausgenommen), Grannen, die mehr als 1 mm überstehen, etwas dünnes und weiches Haar. S. F.: Zu kurzes oder zu langes Haar, sehr lange, überstehende Grannen, starke Wirbel- oder Lockenbildung in der Decke.

Häsin: Eine kleine, gut geformte Wamme ist bei älteren Häsinnen zugelassen.

Chin-Rexe (ChRex)

Farbe

Deckfarbe: Der Farbeffekt ist ein mittel- bis dunkelbläulich überhauchtes lichtes Aschgrau, möglichst auch an Kopf, Brust, Läufen und Flanken tief nach unten gehend. Darüber breitet sich die dunkle Schattierung, allerdings nicht flockig wie beim Großchinchilla, sondern schleierartig. Augen- und Kinnbackeneinfassung dürfen heller sein; die Ohrenränder sind schwarz gesäumt, grauweiß ist der möglichst kleine,

 1,0 Chin-Rexe (R. Schneider, Kreuztal). *Foto: Wolters*

glatte Genickkeil. Weiß ist die Bauchdeckfarbe und die Unterseite der Blume; ihre Oberseite erscheint durch schwarze und grauweiße Haare gesprenkelt. L. F.: Helle Brust und Vorderläufe, Binden, etwas helle Seiten und Flanken, bräunlicher Anflug an Kopf und Ohren, großer Keil, schwache Ohrenränder, leichter Rostanflug. S. F.: Starker bräunlicher Ton in der Deckfarbe (Rost), zu großer Keil, gänzlich helle Brust und Vorderläufe, völlig ungleichmäßige oder silbrige Schattierung, starker Rost.
Augen dunkelbraun, Krallen schwarzbraun. S. F.: Marmorierte oder andere als braune Augen, zweierlei oder farblose Krallen.
Die Zwischenfarbe erreicht etwa $^1/_4$ der Haarlänge und ist rein weiß bis grauweiß. Von der Deck- und Unterfarbe soll sie scharf abgegrenzt sein. L. F.: Schmale oder verschwommene Zwischenfarbe. S. F.: Fehlen der Zwischenfarbe.
Die Unterfarbe erfasst etwa $^1/_4$ der Haarlänge und ist dunkelblau. Sie ist es auch in der Bauchpartie. Allerdings tritt hier bei älteren Häsinnen häufig Pigmentverlust auf, doch soll die blaue Bauchunterfarbe wenigstens in der Schoßpartie vorhanden sein. L. F.: Unreine, durchsetzte, helle Unterfarbe, weiße, helle oder bräunliche Unterfarbe in der Vorderpartie und am Bauch. S. F.: Gänzliches Fehlen der Bauchunterfarbe, auch im Schoßbereich.

Blau-Rexe (BlRex)

Farbe

Die Deckfarbe ist am ganzen Körper dunkelblau. Zu dunkle Tiere erscheinen in einiger Entfernung fast schwarz. Die Deckfarbe ganz heller Tiere ist selten rein, vielmehr sind deren Haarspitzen meist meliert. Tiere mit einer etwa 1 cm breiten, sattblauen Deckfarbe sind farblich die besten. Auf Gleichmäßigkeit der Deckfarbe ist zu achten, auch Kopf und Ohren müssen dieselbe Farbe besitzen. Lediglich die Bauchfarbe ist etwas matter und hat weniger Glanz. L. F.: Verblassung der Deckfarbe, geringe Abweichung des Farbtones an Ohren, Brust und Läufen, melierte Decke, bräunlicher Anflug, leichte Durchsetzung mit weißen Haaren, bräunlicher Anflug unter dem Deckhaar. S. F.: Zu helle oder zu dunkle, fast schwarze Deckfarbe, starker Rost, stark weiß durchsetzte Decke, auch an den Ohren, besonders an den Ohrenrändern, starker brauner Anflug unter der Decke.
Die Unterfarbe ist kaum heller als die Deckfarbe. Sie muss satt und rein sein und bis zum Haarboden reichen. S. F.: Stark weiß durchsetzte Unterfarbe.

1,0 Blau-Rexe (R. Schmitfranz, Harsewinkel). *Foto: B & S Fotostudio*

 1,0 Weiß-Rexe RA (P. Neumann, Bremen). *Foto: Wolters*

Augen blaugrau, Krallen dunkel. S. F.: Andere als blaugraue Augen, zweierlei oder farblose Krallen.

Weiß-Rexe (WRex)

Farbe

Die Deckfarbe ist rein weiß. Sie soll sich gleichmäßig ohne einen anderen Farbton (nach Gelb oder Grau) über die gesamte Decke erstrecken, in gleicher Weise auch Kopf und Ohren erfassen. Das Reinweiß des Fellhaares soll bis zum Haarboden durchgehen. L. F.: Gelblicher Kopf oder grauer Anflug an der Hals- und Kinnpartie, gelblicher Anflug am Bauch. S. F.: Stark gelblicher oder grauer Anflug der Decke.
Anerkannt sind Rotaugen und Blauaugen. Bei den Rotaugen sind die Augen blassrot, bei den Blauaugen hellblau; die Krallen sind farblos. S. F.: Andere als die geforderte Augenfarbe.

Dreifarben-Schecken-Rexe (DrfSchRex)

Farbe und Zeichnung

Die Grundfarbe sowohl der Decke als auch der Unterwolle ist rein weiß; die Zeichnungsfarben Schwarz und Gelb sind rein und intensiv und mit andersfarbigen Haaren möglichst nicht durchsetzt. L. F. und S. F.: Leichte beziehungsweise schwere Farbfehler wie bei der Rheinischen Schecke. Verlangt wird Dreifarbigkeit; die Merkmale der Kopf- und Rumpfzeichnung sind schwarz und gelb; lediglich die Backenpunkte dürfen einfarbig sein.
Die Kopfzeichnung besteht aus dem Schmetterling, den Augenringen, den Backenpunkten und der Ohrenzeichnung. – Der Schmetterling sitzt auf der Mitte des Nasenrückens, beginnt in einem schön gerundeten Dorn, breitet sich mit vollen Flügeln über die Schnauzpartie aus und fasst den Unterkiefer an den Seiten schmal ein.
Er ist möglichst symmetrisch und kräftig ausgebildet. Die Augenringe sind gleichmäßig breit und gut geschlossen. Die Backenpunkte werden möglichst rund gewünscht; sie sollen frei stehen. Die Ohrenfarbe ist vom Weiß des Kopfes scharf abgegrenzt.
Die Rumpfzeichnung wird gebildet vom Aalstrich und den Seitenflecken. Der Aalstrich zieht sich, im Genick beginnend, glatt und gleichmäßig breit (etwa 2 cm) bis zur Blumenspitze über den Rückenfirst hinweg. Die Seitenflecken, auf jeder Körperseite 6–8, sollen auf Flanken

0,1 Dreifarben-Schecken-Rexe (E. Güldenpenning, Schalksmühle). *Foto: Wolters*

und Schenkeln gleichmäßig verteilt sein. Sie müssen frei stehen und sollen nicht zu groß sein. Etwa vorhandene Flecken an Brust, Bauch, Läufen und der Unterseite der Blume werden nicht bewertet.
L. F. und S. F.: Es gelten die leichten und schweren Fehler der Rheinischen Schecke mit der Ausnahme, dass das ein- oder beidseitige Zusammenhängen des Augenringes mit den Backenpunkten oder der Ohrenfarbe nur als leichter Fehler gilt.
Die Augen sind braun, die Krallen farblos. S. F.: Andere als die vorgeschriebene Augen- und Krallenfarbe.

Dalmatiner-Rexe (DRex)

Zeichnung und Farbe

Kopfzeichnung: Die symmetrische Kopfzeichnung der Typenschecken ist möglichst aufgelockert. Dies gilt auch für den Schmetterling und die Augenringe. Die Punktscheckung soll ungleichmäßig über den Kopf verteilt sein. Die Farbe darf an den Ohren überwiegen, doch soll die helle Grundfarbe in die Ohren hinaufreichen, die leicht meliert sein dürfen. Die Schnauzpartie ist punktförmig gezeichnet.

1,0 Dalmatiner-Rexe, schwarz-weiß (O. Fischer, Schöppenstedt). *Foto: Wolters*

0,1 Dalmatiner-Rexe, sepiabraun-weiß (M. Schell, Niefern). *Foto: B & S Fotostudio*

Rumpfzeichnung: Anzustreben ist die typische Dalmatinerzeichnung. Der Aalstrich muss in unregelmäßige Punkte aufgelöst sein. Die unterschiedlich großen Zeichnungspunkte sollen den ganzen Körper bedecken. Sie dürfen nicht zu klein sein. Als ideal gilt ein Durchmesser von 1,5 bis 3,5 cm. Die Punkte sollen möglichst frei stehen, mit anderen nicht zusammenhängen oder mit diesen größere zusammenhängende Farbflächen bilden. Auch an Brust, Bauch, Blume und Läufen sind Zeichnungspunkte erwünscht. Auf jeder Körperseite sollten wenigstens 5 Zeichnungspunkte gut verteilt in Erscheinung treten. L. F.: Wenige Zeichnungspunkte an Kopf und Körper. Flächenartig aneinander hängende Punkte. Größere zeichnungsleere Körperpartien (mit Ausnahme von Bauch und Läufen). Punktdurchmesser von über 3,5 bis 5 cm. S. F.: Zeichnungsleerer oder voll farbiger Kopf. Rein weiße Schnauze. Völlig dunkle oder ganz weiße Ohren. Weniger als drei Zeichnungspunkte auf jeder Körperseite. Starkes Zusammenhängen der Rumpfzeichnung oder Punktdurchmesser über 5 cm.
Farbe: Die Grundfarbe, mit gutem Glanz versehen, ist rein weiß. Ebenso weiß ist die Unterfarbe, die sich von der Grundfarbe nicht unterscheidet. Die Zeichnungspunkte sollen nicht mit weißen Haaren durchsetzt sein. Ausgenommen sind die Ohren, die meliert sein dürfen.
Zugelassen sind die Farbenschläge Schwarz-Weiß, Blau-Weiß, Havannafarbig-Weiß, Sepiabraun-Weiß sowie die Dreifarbenscheckung (schwarz-gelb-weiß). Die Farbe Sepiabraun ist ein leuchtendes Mittelbraun mit rötlicher Tönung, die durch eine intensiv durchscheinende gelb-rot-braune Unterfarbe hervorgerufen wird. Die Augen sind braun, bei den blau-weißen Tieren blaugrau. Die Krallen sind farblos weiß. Einzelne farbige Krallen beeinträchtigen den Wert eines Tieres nicht und bleiben unberücksichtigt. L. F.: Durchsetzung der Körperpunkte mit weißen Haaren. Durchweg melierte Ohrenfarbe. Weiße Flecken in den Zeichnungspunkten. S. F.: Durchgehender Aalstrich. Zu stark weiß durchsetzte oder ganz unreine Zeichnungsfarbe. Andere als die zugelassene Augenfarbe.

Gelb-Rexe (GRex)

Deckfarbe, Unterfarbe

Die Deckfarbe ist ein kräftiges, gut glänzendes Gelbrot. Heller bis cremefarben, jedoch nicht weiß sind Augen- und Kinnbackeneinfassung, die Innenseite der Läufe und die Bauchdecke. Die Deckfarbe ist möglichst am ganzen Körper gleichmäßig vorhanden. Sie reiche an den Seiten weit nach unten bis zum helleren Bauch. Die

0,1 Gelb-Rexe (K. Thalmeier, Wissing). *Foto: B & S Fotostudio*

Augen sind braun, die Krallen dunkelhornfarbig. L. F.: Etwas matte, helle oder leicht durchsetzte Deckfarbe, leichter heller oder dunkler Anflug an den Ohrenrändern, an Brust, Seiten, Schenkeln und Läufen, helle Binden, etwas fleckige Deckfarbe, weiße Unterseite der Blume. S. F.: Zu helle Deckfarbe, mit schwarzen Haaren durchsetzte Decke, schwarze Ohrensäumung, sichtbare weiße Flecken in der Decke, ganz helle Brust und Läufe, weiße Binden, weiße Augen- und Kinnbackeneinfassung.

Die Unterfarbe soll der Deckfarbe möglichst entsprechen, also wenigstens cremefarben bis rötlich sein und, ohne völlig aufzuhellen, bis zum Haarboden durchgehen. L. F.: Etwas helle oder durchsetzte Unterfarbe. S. F.: Stark unreine oder völlig verwaschene Unterfarbe, weiße Unterfarbe.

Castor-Rexe (CRex)

Deckfarbe, Zwischenfarbe, Unterfarbe

Die Deckfarbe ist ein gut glänzendes, rötliches Kastanienbraun in einer mittleren bis dunkleren Tönung. Sie soll sich möglichst gleichmäßig

1,0 Castor-Rexe (Alfons Eckers, Rhede). *Foto: B & S Fotostudio*

 1,0 Schwarz-Rexe (T. Sippel, Hosenfeld). *Foto: Wolters*

über den ganzen Körper erstrecken und an den Seiten weit nach unten reichen. Darüber breitet sich, von den schwarzen Grannenspitzen herrührend, ein feiner dunkler Schleier. Dunkler getönt sind Kopf, Ohren, Brust, Flanken, Vorderläufe und Schenkel; heller, jedoch nicht weiß, eingefasst sind Augen- und Kinnbacken. Weiß sind die Innenseiten der Läufe, die Bauchdeckfarbe und die Unterseite der Blume. Eine cremefarbene Tönung der Schoßpartie ist zugelassen. Der möglichst kleine Nackenkeil ist hellbraun, die Augen und die Krallen sind dunkelbraun. L. F.: Etwas dunkler Schleier auf der Decke, etwas helle Seiten, Läufe und Schenkel, helle Binden, etwas unregelmäßige oder leicht andersfarbige (gelbe oder graue) Grannenhaare, durchsetzte Deckfarbe. S. F.: Starker schwarzer Schleier auf der Decke, völlig graue Seiten oder Schenkel, stark weiß oder andersfarbig (gelb oder grau) durchsetzte Deckfarbe, sichtbare weiße Flecken oder Büschel in der Decke.
Die etwa $^3/_4$ cm breite Zwischenfarbe ist leuchtend rostbraun. Sie soll dicht unter der Deckfarbe ansetzen und sich von der Unterfarbe deutlich abgrenzen. L. F.: Schmale oder schwache Zwischenfarbe. L. F.: Fehlende oder stark verwaschene Zwischenfarbe.
Die dunkelblaue Unterfarbe erfasst etwa die Hälfte der Gesamthaarlänge. Am Bauch ist sie blau. Sie muss, wenn auch heller, auch bei älteren Häsinnen noch vorhanden sein. L. F.: Etwas helle oder durchsetzte Unterfarbe, aufgehellte Bauchunterfarbe. S. F.: Gänzliches Fehlen der blauen Bauchunterfarbe.

Schwarz-Rexe (SchwRex)

Deckfarbe, Gleichmäßigkeit und Unterfarbe

Die Deckfarbe ist ein glänzendes Tiefschwarz, das sich möglichst über den gesamten Körper gleichmäßig erstrecken soll. Lediglich am Bauch darf sie matter sein. L. F.: Matte Deckfarbe, einzelne weiße Stichhaare, leichte Farbabweichungen, leichter grauer oder bräunlicher Anflug. S. F.: Stark durchsetzte Decke, weiße Büschel oder Flecken, starker Rostanflug, auch schon stark rostige Flecken.
Die Unterfarbe ist dunkelblau, je satter, desto besser, und rein. L. F.: Leicht helle oder durchsetzte Unterfarbe. S. F.: Stark aufgehellte, unreine oder durchsetzte Unterfarbe.
Die Augen sind dunkelbraun, die Krallen schwarzbraun. S. F.: Andere als die vorgeschriebene Augenfarbe, zweierlei oder farblose Krallen.

1,0 Havanna-Rexe (K.-H. Ulbrich, Büdingen). *Foto: Trinkhaus*

1,0 Blaugrau-Rexe (R. Schäfer, Mühlacker). *Foto: B & S Fotostudio*

Havanna-Rexe (HavRex)

Deckfarbe, Gleichmäßigkeit und Unterfarbe

Die Deckfarbe ist sattdunkelbraun; sie ist rein, breit und mit gutem Glanz versehen. Gleichmäßigkeit am gesamten Körper, Kopf und Ohren eingeschlossen, ist zu fordern. Nur der Bauch darf etwas matter sein. L. F.: Grau melierter, rußiger oder rostiger Anflug der Decke, leichte Durchsetzung mit weißen Haaren, etwas helle oder matte Farbe, etwas helle Brust. S. F.: Stark reifartige, grau melierte Deckfarbe, starke Durchsetzung mit weißen Haaren, weiße Büschel oder Flecken, starker Rost- oder Rußanflug, vollständig helle Brust.
Die Unterfarbe ist rein blau, je intensiver; desto besser. Verpönt ist eine graue oder schmutzig weiße Unterfarbe. Sie soll bis zur Fellhaut durchgehen. L. F.: Etwas helle oder leicht durchsetzte Unterfarbe. S. F.: Sehr unreine und stark durchsetzte graue oder gänzlich weiße Unterfarbe.
Die Augen sind braun und leuchten bei entsprechendem Lichteinfall rötlich durch, die Krallen sind dunkelhornfarbig. S. F.: Andere als die vorgesehene Augenfarbe, zweierlei oder farblose Krallen.

Blaugrau-Rexe (BlgrRex)

Deckfarbe, Gleichmäßigkeit und Unterfarbe

Deckfarbe: Die Deckfarbe ist blauwildfarbig im mittleren Farbton. Augenringe und Kinnbacken erscheinen hell. Der Keil im Nacken ist klein und bräunlich. Die Bauchdeckfarbe, die Unterseite der Blume und die Innenseiten der Läufe variieren im hellen Farbton bis weiß. Die Farbe der Decke soll sich möglichst im gleichen Farbton über alle Körperteile erstrecken. Die Augen sind blaugrau, die Krallen dunkelhornfarbig.
Zwischenfarbe: Die Zwischenfarbe befindet sich als schmaler bräunlicher Streifen dicht unter der Deckfarbe und ist nicht scharf abgegrenzt.
Unterfarbe: Die Unterfarbe ist blaugrau und umfasst zwei Drittel der Haarlänge. Die Bauchunterfarbe ist ebenfalls blaugrau. Sie muss selbst bei älteren Häsinnen noch vorhanden sein.
L. F.: Etwas helle Seiten, Brust, Läufe und Schenkel. Bindenansätze, leichter Rost, weiße Durchsetzung in der Decke, etwas helle oder durchsetzte Unterfarbe. Unterfarbe nur im Brust- und Schoßbereich. S. F.: Zu dunkle oder zu helle Deckfarbe, stark weiß oder andersfarbig durchsetzte Deckfarbe, sichtbare weiße Flecken. Starker Rost, fehlende Zwischenfarbe, unreine oder stark weiß durchsetzte Unterfarbe, weiße Unterfarbe.

Rhön-Rexe (RhRex)

Zeichnung und Farbe

Die Zeichnung besteht aus Flecken, Streifen und Spritzern, die über den ganzen Körper möglichst gleichmäßig verteilt sein sollen. Kopf, Ohren und Läufe sind mit einbezogen. Die Blume bleibt unberücksichtigt. L. F.: Fehlen von Zeichnung an einem Ohr oder beiden Vorderläufen; etwas volle, grobe oder verschwommene beziehungsweise etwas schwache Zeichnung; geteilte Kopfzeichnung. S. F.: Gänzliches Fehlen von Zeichnung am Kopf und/oder an beiden Ohren; kreuzweise geteilte Kopf- und Ohrenzeichnung; zu große Zeichnungsfelder beziehungsweise Felder ohne Zeichnung, die mehr als ein Viertel des Körpers bedecken, stark verschwommene Zeichnung.
Die Grundfarbe ist weiß, die Zeichnungsfarbe ist grau bis schwarzgrau. Je intensiver und klarer die Farben sind, umso besser ist das gesamte Farbbild. Die Augen sind braun, die Krallen sind hell bis dunkelhornfarbig. L. F.: Etwas gelber oder brauner Anflug, etwas matte oder etwas helle Zeichnungsfarbe; zweierlei Krallenfarbe, hell-, mittel- und dunkelhornfarbige Krallen an einem oder mehreren Läufen. S. F.: Starker gelber oder brauner Schleier. Abweichende Zeichnungsfarbe.

Japaner-Rexe (JRex)

Anmerkung

Die Standardkommission erkennt die Japaner-Rexe ab 1. Oktober 2007 als eigenständige Rasse an und nimmt sie als solche in den Standard auf. Die Tiere müssen allerdings in den Jahren 2006/07 noch mit „N“ tätowiert werden. Ab diesem Zeitpunkt können die Japaner-Rexe bei allen Ausstellungen gezeigt werden und werden mit Punkten bewertet.

Zeichnung und Farbe

Für die Kopf- und Ohrenzeichnung gilt als ideal ein Spaltkopf mit kreuzweise versetzter gelbroter und schwarzer Färbung. Als Rumpfzeichnung wird eine Streifenzeichnung gefordert, durchgehend, oder besser auf der Rückenmitte ein Schachbrettmuster bildend, gegeneinander versetzt. Es müssen mindestens drei Farbfelder auf jeder Seite vorhanden sein. Die Farbverteilung von Brust und Vorderläufen soll

1,0 Rhön-Rexe (M. Gerker, Melle-Buer). *Foto: B & S Fotostudio*

1,0 Japaner-Rexe (M. Gauder, Jöhstadt). *Foto: Reinmuth*

entsprechend der von Kopf und Ohren ebenfalls kreuzweise geteilt und gegeneinander versetzt sein. L. F.: Nicht kreuzweise geteilte, gefleckte oder geblümte Kopf- und Ohrenzeichnung. Große Farbfelder am Rumpf. S. F.: Völlig durchsetzte, verschwommene Farbfelder. Weniger als 3 Farbfelder auf einer Seite.
Beide Zeichnungsfarben sollen sich, möglichst rein in den Farbfeldern, kontrastreich voneinander abheben. Die gelbe Farbe darf variieren, jedoch ist eine intensive Farbe vorzuziehen. Am Bauch und der Innenseite der Läufe sind weiße Stellen gestattet. Die Augen sind braun, die Krallen sind dunkel- bis hellhornfarbig. L. F.: Unreine, durchsetzte Farben. S. F.: Weiße Flecken an sichtbaren Körperstellen, weiße Abzeichen an Nase und Zehen.

Feh-Rexe (FRex)

Deckfarbe, Gleichmäßigkeit, Unterfarbe

Die Deckfarbe ist ein sehr helles, zartes Blau, das wie von einem leicht bräunlichen Schleier überzogen erscheint. Gleichmäßigkeit der gesamten Deckfarbe ist wünschenswert. Ausnahmen sind lediglich die mattere Bauchfarbe und der kräftigere bräunliche Schleier an den kurz behaarten Stellen wie Kopf, Ohren und Läufe. L. F.: Etwas helle oder dunkle Deckfarbe, leicht durchsetzte Decke, reifartiger Anflug, sehr schwacher bräunlicher Schleier; leichter Rost, geringe Farbabweichungen an den einzelnen Körperpartien. S. F.: Silbrig fahle oder zu dunkle Decke, gänzliches Fehlen des bräunlichen Schleiers, starker Rost.
Die Unterfarbe ist nur wenig heller. Sie darf jedoch nicht nach Weiß tendieren, kann aber am Bauch in ein lichtes Blaugrau übergehen. Sie ist gegen die Deckfarbe nicht scharf abgegrenzt. L. F.: Helle, dunkle oder leicht durchsetzte Unterfarbe. S. F.: Ganz helle oder stark durchsetzte Unterfarbe.
Die Augen sind blaugrau und je nach Lichteinfall rot durchleuchtend, die Krallen sind hornfarbig. S. F.: Andere als die vorgeschriebene Augenfarbe, zweierlei oder farblose Krallen.

Lux-Rexe (LRex)

Deckfarbe, Gleichmäßigkeit, Zwischen- und Unterfarbe

Die Deckfarbe ist ein helles Silberblau, durch das die braunrote Zwischenfarbe schwach hindurchschimmert. Der kleine, nur schwach

1,0 Feh-Rexe (W. Röder, Hilders). *Foto: B & S Fotostudio*

1,0 Lux-Rexe (Th. Horch, Neudenau). *Foto: B & S Fotostudio*

ausgebildete Genickkeil ist braunrot. Etwas heller ist die Augeneinfassung, die Kinnbackeneinfassung ist weiß. Bauchdeckfarbe, Innenseiten der Vorder- und Hinterläufe und Unterseite der Blume sind hell bis weiß. L. F.: Geringe Abweichungen in der Deckfarbe, helle Binden, leichter Rost. S. F.: Stark durchsetzte Decke, sichtbare weiße Flecken (Büschel) in der Deckfarbe, starker Rost.
Die Zwischenfarbe, die etwa $^1/_4$ der Fellhaarlänge erfassen soll, ist braunrot und scharf abgegrenzt. L. F.: Etwas schwache oder schmale Zwischenfarbe. S. F.: Fehlende Zwischenfarbe.
Die Unterfarbe ist weiß und scharf abgegrenzt. Die Bauchunterfarbe dagegen ist bläulich. L. F.: Nicht ganz weiße Unterfarbe mit Ausnahme der Bauchunterfarbe. S. F.: Andere als weiße Bauchunterfarbe, die Bauchunterfarbe ausgenommen, fehlende bläuliche Bauchunterfarbe.
Augen graublau, bei entsprechendem Lichteinfall rötlich durchleuchtend, Krallen hornfarbig. S. F.: Zweierlei oder farblose Krallen.

Loh-Rexe (LohRex)

Farbe und Zeichnung

Anerkannt sind die Farbenschläge Schwarz, Blau, Braun und Fehfarbig. Die Deckfarbe ist jeweils intensiv, rein und glänzend. Der Effekt der Zeichnung, die in der Farbe intensiv und klar abgegrenzt zu sein hat, ist umso größer, je satter die Deckfarbe ist. Am schönsten treten die Lohabzeichen bei den Schwarzen in Erscheinung. Doch sind auch die Blauen und Braunen eindrucksvoll, wenn Deck- und Zeichnungsfarbe intensiv, glänzend und klar abgegrenzt sind. L. F.: Leicht durchsetzte Deckfarbe, leichter Rostanflug. S. F.: Völlig fehlende Zeichnungsmerkmale, stark mit weißen oder lohfarbigen Haaren durchsetzte Deckfarbe, sichtbare weiße Flecken in der Deck- und Zeichnungsfarbe, starker Rost.
Kopfzeichnung: Die Nasenlöcher sind gut lohfarbig eingefasst. Die Einfassung der Kinnbacken reiche bis zum Genick. Die Augenringe sollen gut geschlossen und schmal sein. Stark lohfarbig ist die Umrandung der Ohren. Vorne am Ohrenansatz treten auffallend 2 lohfarbige Flecken in Erscheinung. L. F.: Schwache Einfassung der Nasenlöcher, melierte Schnauze, leichte Unterbrechung der Augenringe, ungleichmäßig geformte Augenringe, schwache Kinnbackeneinfassung, nicht durchgehende Kinnbackeneinfassung, schwach geränderte Ohren, unreiner Kopf.
Rumpfzeichnung: Ebenfalls scharf abgegrenzt von der Deckfarbe ist die Rumpfzeichnung. Die Brustlohe beginnt unter dem Kinn, fasst breit die Brust ein und geht, zwischen den Vorderläufen hindurch, in die

1,0 Loh-Rexe, schwarz (W. Nasse, Friesoythe). *Foto: B & S Fotostudio*

Bauchzeichnung über. Die Bauchlohe muss kräftig und feurig sein und bis auf den Haarboden reichen. Sie wird von der etwa 2 cm breiten, intensiv lohfarbigen Seiteneinfassung begrenzt. Die lohfarbigen Schoßflecken heben sich kräftig von der Bauchfarbe ab, ebenfalls die Seitenspitzen, die, gut abgegrenzt, etwa $^2/_3$ der Rumpfhöhe einnehmen. Klar lohfarbig sind die Innenseiten der Vorderläufe, ebenfalls die Innenseiten der Hinterläufe, die sich von der Deckfarbe abheben sollen. Die Zehenpunkte der Vorderläufe sind, deutlich begrenzt, lohfarbig. Lohfarbig ist schließlich der kleine, gut abgegrenzte, leicht abgerundete oder dreieckige Genickkeil.
L. F.: Schmale oder verschwommene Brustzeichnung, schwache Brustlohe, schwache Seiteneinfassung, ungleichmäßige oder sehr schwach ausgeprägte Seitenspitzen, langer, schlecht geformter oder wolkiger Keil, schwache oder verschwommene Zeichnung der Vorder- und Hinterläufe, unreine Läufe. S. F.: Ganz dunkle Brust, Fehlen der Seiteneinfassung und der Seitenspitzen, weiße Bauchfarbe, rein weiße Unterseite der Blume.
Die Augen bei Schwarzen und Braunen sind braun, bei Blauen und Fehfarbigen blaugrau. Die Krallen sind bei allen Farbenschlägen dunkel bis schwarzbraun. S. F.: Andere als die vorgeschriebene Augenfarbe, zweierlei oder farblose Krallen.

Marder-Rexe (MRex)

Farbe und Zeichnung

Anerkannt sind der braune und blaue Farbenschlag in einer helleren bis mittleren Tönung. Nicht zugelassen sind die fast einfarbigen homozygoten dunklen und sehr hellen Tiere.
Die Deckfarbe ist ein lichtes Braun beziehungsweise Blau in einer helleren oder dunkleren Tönung: An den Flanken geht die Farbe in eine hellere Tönung über; Schulterpartie und Hinterschenkel sind etwas dunkler; Backen, Brust und Bauch sind hellbraun beziehungsweise hellblau. L. F.: Etwas dunkle oder fleckige Deckfarbe, leichte Durchsetzung mit weißen Haaren. S. F.: Ganz dunkle Deckfarbe, starker Rost, stark weiß durchsetzte Deckfarbe, sichtbare weiße Flecken (Büschel).
Zusätzlich zu diesen unterschiedlichen Farbtönungen sind die Abzeichen zu berücksichtigen. Da ist zunächst ein etwa 8 cm breiter, etwas dunkler Streifen, der sich, an den Seiten in die Deckfarbe übergehend, über den Rücken zieht; eine dunkle Maske, die sich, ohne scharf abgegrenzt zu sein, etwa bis in Augenhöhe erstreckt; ferner abgedunkelte Ohren, Läufe, Blume und Augeneinfassung. L. F.: Unvollständiger Rückenstreifen, große Maske, schwache oder verschwommene Abzeichen. S. F.: Völlig dunkler Kopf und Ohren, Fehlen der dunklen Abzeichen.
Die Unterfarbe ist bei beiden Farbenschlägen bläulich. In ihrer Intensität soll sie der Deckfarbe entsprechen. Analog zur Deckfarbe ist sie an den helleren Körperpartien heller. L. F.: Unreine oder durchsetzte Unterfarbe. S. F.: Stark unreine oder weiße Unterfarbe.
Augen braun beziehungsweise graublau, je nach Lichteinfall rötlich durchschimmernd; Krallen dunkelhornfarbig. S. F.: Andere als die vorgeschriebene Augenfarbe, zweierlei oder farblose Krallen.

Russen-Rexe (RRex)

Farbe und Zeichnung

Anerkannt sind die Farbenschläge Schwarz und Blau. Die Grundfarbe ist ein leuchtendes, reines Weiß, verpönt ein grauer beziehungsweise gelblicher Anflug. Die Abzeichen sind tiefschwarz beziehungsweise sattblau. Verlangt wird die typische Russenzeichnung. L. F.: Gelber oder grauer Anflug, leicht durchsetzte Zeichnungsfarbe, dunkler Anflug am After. S. F.: Unreine Grundfarbe, starke Durchsetzung der farbigen Abzeichen mit weißen Haaren, starker Rost.

1,0 Russen-Rexe, schwarz-weiß (T. Baas, Kehl-Leutesheim). *Foto: B & S Fotostudio*

Die Kopfzeichnung besteht aus Maske und farbigen Ohren. Die Maske von länglich runder Form bedeckt, scharf begrenzt, den Nasenrücken. Sie reicht, an den Seiten begrenzt, bis zum Oberkiefer und dehnt sich wie ein leichter Hauch auf den Unterkiefer aus. Sie ist weder zu groß noch soll sie über die Augenhöhe reichen. Die Farbe der Ohren ist an der Wurzel scharf begrenzt.
L. F.: Etwas grobe oder gezackte Maske, leichter Augenrandanflug, unreiner Ohrenansatz.
S. F.: Zu große Maske, die den ganzen Unterkiefer bedeckt, starke Augenringe (sog. „Brillen"), weiße Flecken in der Maske, an den Ohrenrändern, in den Ohren und Ohrenansätzen.
Die Rumpfzeichnung besteht aus den dunkelfarbigen Vorder- und Hinterläufen und der Blume. Farbig ist das vorderste Glied der Vorderläufe; eine möglichst scharfe Begrenzung von der Grundfarbe ist zu fordern. Die Farbe der Hinterläufe reicht bis über das Sprunggelenk hinaus. Auch sie ist gut abgegrenzt. Die Zeichnungsfarbe ist rein und möglichst intensiv. Ebenfalls rein und intensiv ist die Farbe der Blume.
L. F.: Kurze oder lange sowie verschwommene Zeichnung der Läufe.
S. F.: Grobe Zacken oder Weiß in den farbigen Läufen.

Die Augen sind farblos, der Augenhintergrund scheint je nach Lichteinfall rötlich durch; die Krallen sind dunkelbraun. S. F.: Zweierlei oder farblose Krallen.

Allgemeines

Rex-Kaninchen – früher waren das nicht selten stark degenerierte, krankheitsanfällige Kaninchen, oder, kurz gesagt, erbärmliche Gestalten. Heute hingegen sind die Rexe genauso vital wie andere Rassen auch. Das einzige Manko, das der Rasse geblieben ist, ist die große Neigung zu Kahlstellen unter den Hinterläufen, teilweise sogar unter den Vorderläufen. Leider treten diese besonders gehäuft bei Tieren mit hervorragender Fellstruktur auf, während Tiere mit unschönen, sehr grannenreichen und harten Fellen sie kaum zeigen. Hier gilt es für die Züchter auf genetischem Wege diesen Fehler auszumerzen, wahrlich noch ein großes Stück Arbeit. Auch die selteneren Farbenschläge bedürfen stärkerer Förderung – attraktiv sind sie nun wirklich genug.

Neuzüchtung

Als Neuzüchtung sind Schwarzgrannen-Rexe in der züchterischen Bearbeitung. 18 Tiere von drei Züchtern auf der 27. Bundes-Kaninchenschau in Nürnberg hinterließen einen sehr guten Eindruck. Über 70 Prozent der ausgestellten Tiere erhielten ein „sg“, kein Tier mit „nb“ war dabei. Wenn sich noch mehr Züchter für diese attraktive Rexrasse begeistern lassen, dürfte einer alsbaldigen Anerkennung nur wenig entgegenstehen.

Zwerg-Rexe (ZwRex)

Zuchtziel

Die Erzüchtung von Rexkaninchen in Zwergenform oder von Hermelin- beziehungsweise Farbenzwergen mit Kurzhaar lag gewissermaßen in der Luft. Die Rasse ist von züchterischem Reiz und für ausgesprochene Liebhaber. Von Bedeutung scheint zu sein, dass der Bollenkopf auf die Zwerg-Rexe offenbar nicht zu übertragen ist sowie auch nicht auf die Rexe, denn nach Johannes Freitag, Berlin, hatten die großen Kreuzungstiere aus den Paarungen Hermelin × Rex ausnahmslos normale Köpfe. – Zuchtziel ist das Hermelin mit Kurzhaar in den verschiedenen Rex-Farben.

Geschichtliches

Für Novitäten bietet unser Kaninchen nicht mehr viele Gelegenheiten (wohl aber zur Vollendung). Deshalb nimmt es wunder, dass man sich dieser Rasse verhältnismäßig spät angenommen hat. 1967 begann Johannes Freitag, Berlin, weiße Zwerg-Rexe zu züchten, 1969 nahm sich Hans Pfützner, Ettlingen/Baden, die Castor-, Weiß- und Schwarz-Zwerg-Rexe vor. Freitag tat dies mehr aus Liebhaberei, Pfützner stellte die ersten Tiere anlässlich der 13. Badischen Rexklub-Sonderschau in Niefern vor; dalmatinerfarbige Zwerg-Rexe zeigte Karl Erne, Reisen/Bd., bei der Badischen Rexschau 1974. – Zuvor waren Zwerg-Rexe in Bayern und Holland bekannt geworden, allerdings ohne nähere Einzelheiten.

Körperform, Typ, Bau, Stellung, Fellhaar

Gewicht:	Normalgewicht über 1,2–1,4 kg, Mindestgewicht 1 kg, Höchstgewicht 1,6 kg.
Form:	Der Körper ist gedrungen, walzenförmig, vorne und hinten gleich breit.
Kopf:	Im Verhältnis zur Größe des Tieres ist der Kopf zu groß. Er ist kurz und dick mit breiter Stirn- und Schnauzpartie. Die Stirnbreite beim Rammler beträgt in Augenhöhe zirka 5,5 cm, bei der Häsin zirka 5 cm.
Augen:	Sie sind groß und treten stark hervor.
Ohren:	Die Ohren sind, der Zwergform entsprechend, relativ kurz, infolge des etwas höheren Gewichts jedoch etwas länger als bei den Hermelin. Sie erscheinen außerdem wegen der Kurzhaarigkeit

0,1 Zwerg-Rexe, schwarz (H. Rottmann, Hörstel-Dreierwalde). *Foto: B & S Fotostudio*

 0,1 Zwerg-Rexe, castorfarbig (H. Zitzmann, Waigolshausen). *Foto: B & S Fotostudio*

	etwas länger und feiner als bei den normalhaarigen Zwergkaninchen. Sie sollten eng bis leicht v-förmig getragen werden, oben schön abgerundet sein und von feiner – aber fester – Struktur sein. Als Ideal gilt eine Ohrenlänge von 6 cm. Die Mindestlänge beträgt 5 cm, die Höchstlänge 7,5 cm.
Läufe:	Die Läufe sind kurz und dem Zwergtyp angepasst.
Fellhaar:	Das Fellhaar ist sehr dicht und besitzt ein auf dem Haarboden fast senkrecht stehendes Haar, das auf der Mitte des Rückens eine Länge von 14 bis 17 mm haben muss. Die einzelnen Haare dürfen weder wellig noch lockig sein. Sie müssen über eine genügende Stabilität verfügen. Wenn man mit der flachen Hand gegen den Strich über das Fellhaar fährt, sollen die Haare fast senkrecht stehen bleiben oder nur langsam in ihre Ausgangslage zurückgehen. Bleiben sie nach dem Streichen gegen den Strich liegen, so ist dies ein Zeichen von zu dünnem Fellhaar. Die feinen, nicht gekrümmten Grannenhaare sollen mit dem Unterhaar in gleicher Höhe abschneiden. Die Grannenspitzen dürfen aus dem Wollflaum höchstens 1 mm herausragen. Der Nackenkeil muss klein und glatt sein. Er ist ein wichtiger Indikator für die Fellqualität am gesamten Tier: Je glatter er ist, desto besser ist in aller Regel die Haarstruktur am gesamten Kaninchen. Die Ohren sind gut behaart.

Farbe und Zeichnung

Bei den Zwerg-Rexen, weiß (Rot- und Blauaugen), werden in Pos. 4 der Kopf, in Pos. 5 und 6 die Ohren und in Pos. 6 Farbe und Gleichmäßigkeit bewertet.
Bei den farbigen Zwerg-Rexen ist die Position 4 Kopf und Ohren, die Positionen 5 sind wie folgt gemäß den Bestimmungen der „normalen Rexe“ zu bewerten:

Farbenschlag	**Position 5:**	**Position 6:**
Chinchillafarbig	Unterfarbe	Deck- und Zwischenfarbe
Blau	Unterfarbe	Deckfarbe und Gleichmäßigkeit
Dreifarbensch.	Farbe	Kopf- und Rumpfzeichnung
Dalmatinerfarbig	Farbe	Kopf- und Rumpfzeichnung
Gelb	Unterfarbe	Deckfarbe und Gleichmäßigkeit
Castorfarbig	Unterfarbe	Deck- und Zwischenfarbe
Schwarz	Unterfarbe	Deckfarbe und Gleichmäßigkeit

1,0 Zwerg-Rexe, dalmatinerf. schwarz-weiß (K.-H. Behnke, Thüle). Foto: B & S Fotostudio

Havannafarbig	Unterfarbe	Deckfarbe und Gleichmäßigkeit
Blaugrau	Unterfarbe	Deck- und Zwischenfarbe
Rhönfarbig	Farbe	Zeichnung
Fehfarbig	Unterfarbe	Deckfarbe und Gleichmäßigkeit
Luxfarbig	Unterfarbe	Deck- und Zwischenfarbe
Lohfarbig	Farbe	Kopf- und Rumpfzeichnung
Marderfarbig	Farbe	Kopf- und Rumpfzeichnung
Russenfarbig	Farbe	Kopf- und Rumpfzeichnung

Kopf- und Rumpfzeichnung, Deck-, Zeichnungs- und Zwischenfarbe, Unterfarbe und Abzeichen sollen sinngemäß den Standardforderungen der anerkannten Rexrassen entsprechen. L. F. und S. F.: Als leichte und schwere Fehler gelten in Bezug auf Körperform und -bau sowie Kopf und Ohren die des Hermelin. Für die Farbfehler sind jene der betreffenden Rexrassen maßgebend.

Allgemeines

Zwerg-Rexe gehören züchterisch sicherlich zu den interessantesten und anspruchsvollsten Kaninchenrassen. Für eine nachhaltige Verbesserung der Tierbestände dieser Kaninchenrasse wäre es sicher gut, wenn sich mehr Züchter mit ihr befassten. Diese sollten sich jedoch auf einen Farbenschlag konzentrieren und sich nicht verzetteln, insbesondere nicht verschiedene Farbenschläge untereinander kreuzen.

Abteilung VII – Langhaarrassen

Angora (A)

Zuchtziel

Die Rasse ist mittelgroß, die Körperform hat dem Wirtschaftstyp zu entsprechen, ausgeprägt sind Konstitution und die spezifischen Rassemerkmale. Zu verlangen ist die ständige Erzeugung reichlicher Wolle von hohem Gebrauchswert bei geringstem Arbeitsaufwand, kombiniert mit Futterdankbarkeit, entsprechender Fruchtbarkeit, gutem Aufzuchtvermögen und Mastfähigkeit. Zu den typischen Rassemerkmalen müssen gehören: Hohe Wollerträge nach Menge und Qualität, reichliche Büschelbildung am Kopf und starker Behang an den Läufen. Das Angorakaninchen ist gleichzeitig eine vorzügliche Wirtschafts- und Ausstellungsrasse in Liebhaberhand.

Geschichtliches

Über Herkunft und Entstehung der Angora ist leider wenig bekannt. Dennoch dürften sie eine der ältesten Kaninchenrassen und aus dem

 1,0 Angora, weiß RA (G. Groß, Marpingen). *Foto: B & S Fotostudio*

Wildkaninchen hervorgegangen sein. Die Angora haben eine wechselvolle Geschichte hinter sich. Die Angorazucht und -haltung wurden vom Staat mehrmals stark gefördert und rasch wieder vergessen, und so schwankte der Wollpreis schon in den Anfangsjahren ihrer Zucht zwischen 18 und 78 Reichsmark. Mit dem Ausbruch des Zweiten Weltkrieges erlebte die Angorakaninchenzucht eine Verbreitung ohnegleichen. Die erzeugte Wolle wurde beschlagnahmt und vollständig der Kriegswirtschaft zugeführt. Von einem Rückgang der Zucht nach Kriegsende erholte sich die Rasse relativ schnell. Dank der Weitsicht von Walter Orth und anderen Leistungszüchtern hat die jährliche Wollleistung eine nie geglaubte Steigerung erfahren: 1945 betrug der durchschnittliche Ertrag je Tier zirka 400 g, bereits in den 70er-Jahren des 20. Jahrhunderts erreichte sie bei den meisten Tieren über 1000 g. Neben der Verbesserung der Fütterung hatte sicherlich der züchterische Fortschritt durch Leistungsprüfungen und entsprechende Selektion den größten Anteil an dieser unglaublichen Leistungssteigerung.

Körperform, Typ, Bau, Stellung

Die Körperform wird bei den Angora durch Abtasten überprüft, weil durch die lange Bewollung Formfehler teilweise nicht auf den ersten Blick sichtbar sind.

Gewicht:	2,5–3,5 kg, Normalgewicht 3,5 kg und mehr, Höchstgewicht 5,25 kg.
Form, Stellung:	Die Körperform ist bei der Bewertung abzutasten, am besten zu beurteilen ist sie unmittelbar nach der Schur. Der Körper ist leicht gestreckt, breit und geschlossen.
Kopf:	Kurz, Stirn und Schnauze breit, Backenpartie voll entwickelt.
Augen:	Bei albinotischen weißen Tieren farblos, rot durchleuchtend, bei den farbigen Farbenschlägen entspricht die Augenfarbe der der Ausgangsrasse.
Ohren:	In ihrer Größe dem Körper entsprechend, fleischig, aufrecht getragen, gut behaart.
Rumpf:	Walzenförmig, tief, breit, Hals und Nacken treten nicht in Erscheinung.
Rücken:	Breit, Flanken gefüllt, Hinterpartie gut abgerundet, Rückenlinie ebenmäßig.
Läufe:	Mittellang, gerade, kräftig; die Wolle lässt sie kürzer und kräftiger erscheinen als bei den Normalhaarrassen.

1,0 Angora, russenfarbig (K. Enders, Adorf). *Foto: B & S Fotostudio*

Krallen:	Bei weißen Tieren farblos, bei farbigen Tieren wie bei den Ausgangsrassen.
Häsin:	Die Häsin gleicht dem Rammler bis auf die geschlechtsbedingten Merkmale. Bei älteren Häsinnen ist eine kleine, wohlgeformte Wamme zugelassen.

Wolle

Die Wolldichte ist so groß, dass der Haarboden völlig bedeckt erscheint. Es gilt der Grundsatz: Je größer die Wolldichte, desto wertvoller das Tier. Die Wolllänge betrage bei Ausstellungstieren, besondere Leistungsklassen ausgenommen, wenigstens 4 cm; sie ist am Tage der Bewertung zirka 6 cm. Ausgeglichenheit der Wolle ist eine weitere Bedingung; sie ist am gesamten Körper, auch am Bauch, gleichmäßig dicht. L. F.: Etwas dünne Wolle, kleinere Wachstumsstörungen. S. F.:
 Sehr dünne Wolle, Wolllänge unter 4 cm (in der Leistungsklasse unter

3 cm), große Kahlstellen (aus Wollwachstumsstörungen herrührend), die bei natürlicher Stellung des Tieres nicht mehr bedeckt werden.
Die Wollstruktur muss gesund und kräftig sein und darf nicht zum Filzen neigen. L. F.: Kleine Filzstellen, feine, verworrene oder wattige Wolle. S. F.: Starke Filzbildung, krankhafte, überfeine Wolle (starke Filzer).
Das mischwollige Vlies besteht aus Unterwolle, Grannenflaum und Grannenhaar, die in einem bestimmten Verhältnis zueinander zu stehen haben.
a) Unterwolle: Sie ist fein gekräuseltes, seidenweiches Wollhaar mit gutem Längenwachstum. Sie wird mittelfein, weich und gleichmäßig gewünscht, ist regelmäßig kurz und seidenartig glänzend. Sie muss (gegenüber der Begrannung) stark vorherrschen, denn sie bestimmt den Wert der Wolle. L. F.: Schwache Unterwolle. S. F.: Zu wenig Unterwolle, gänzliches Fehlen der Kräuselung, Wolllänge unter 3,5 cm.
b) Grannenflaum: Er vermittelt zwischen Unterwolle und Grannenhaar und überragt die seidige Unterwolle. Er ist grob gewellt und besitzt eine feine, grannenartige Spitze.
c) Grannenhaar: Es ist ein etwas stärkeres, gerade durchgehendes, glattes Haar, ist mit einer kräftigen, glasartigen Spitze versehen und ragt über das Wollvlies hinaus. Bei Häsinnen, vor allem älteren, ist die Grannenbildung stärker als bei den Rammlern. Die Menge der Grannen tritt gegenüber der der Unterwolle stark zurück. L. F.: Reichlicher Grannengehalt. S. F.: Stark überwiegendes Grannenhaar, abgeschnittene Grannen.
Die Rassemerkmale werden bestimmt durch die Ohrbüschel, Stirnbüschel, Backenbart sowie durch den gut entwickelten Behang der Vorder- und vor allem der Hinterläufe. Diese Merkmale sind beim Rammler stärker entwickelt als bei der Häsin. Bei der Bewertung sind die geschlechtsbedingten Unterschiede zu berücksichtigen. L. F.: Schwach ausgeprägte Rassemerkmale. S. F.: Völliges Fehlen des Kopf- und Fußbehanges.
Die Farbe der Wolle erscheint, im Stapel gesehen, bei guten, sehr dichtwolligen rein weißen Angora leicht gelblich (elfenbeinfarbig), die kürzer behaarten Partien (Kopf, Ohren und Läufe) sind rein weiß. Gelbe Wolle im Geschlechtsbereich darf nicht bestraft werden.

Farbige Angora

Neben den meistens weißen Angora sind alle einfarbigen Tiere zugelassen. Ihre Farbe ist rein. Sonst gelten die Farbbestimmungen der Ausgangsrassen. Die kürzer behaarten Körperpartien der farbigen Angora (Kopf, Ohren, Läufe) erscheinen intensiver farbig als das Vlies am Rumpf – Folge der reichlichen und stets helleren Unterwolle, die eine Aufhellung der Körperfarbe bewirkt. Bei den farbigen Angora wird die

Farbe in der Position 5 bewertet. Dabei gelten sinngemäß die Bestimmungen der entsprechenden Normalhaarfarben.

Neuzüchtung

Als Neuzüchtung befinden sich auch russenfarbige Angorakaninchen in der Bearbeitung. Diese haben gegenüber den anderen farbigen Angorarassen den Vorteil, dass sie weiße Wolle liefern, weil sie ja nur an den kurz behaarten „Körperspitzen" pigmentiert sind. Auch dieser Neuzüchtung ist zu wünschen, dass die, die sich mit ihr befassen, weitere Freunde finden und es schaffen, die Rasse zur Anerkennung zu führen.

Allgemeines

Die Angorazucht wird im Wesentlichen in kleinen und mittleren Zuchten als Hobby betrieben. Entscheidend für den Erfolg ist eine gesicherte Futtergrundlage. Zuchtfreunden, die sich mit dem Gedanken tragen, Angora im Großen zu züchten, kann nur empfohlen werden, klein zu beginnen, Erfahrungen zu sammeln und mit Bedacht zu vergrößern. Sie sollten ihren Beruf beibehalten und auf bezahlte Hilfskräfte verzichten. Die in den letzten Jahren deutlich gefallenen Preise für Rohangorawolle führen die Idee einer professionellen Angorazucht als Haupterwerb ohnehin ad absurdum.

0,1 Fuchskaninchen, weiß RA (H. Staffe, Meßstetten). *Foto: B & S Fotostudio*

Fuchskaninchen (Fu)

Zuchtziel

Im Gegensatz zum Angora, das eine Wolle hat, die immer weiter wächst, ist das Fuchskaninchen ein langhaariges Fellkaninchen, das der zweimaligen, periodischen Haarung unterliegt wie die Normalhaarkaninchen. Sein Fell ist grannenreich. Eine übertriebene Ausrichtung der Zucht auf Unterwolldichte führt zu Filzern und sollte daher unterbleiben. Die Farben erscheinen auf Grund des längeren Haares etwas blasser als bei den entsprechenden Normalhaarkaninchen.

Geschichtliches

Erzüchter der Rasse war Hermann Leifer, Coburg. 1920 hatte er mit der Arbeit begonnen und im Laufe der Zeit Angora, Chinchilla, Havanna und Tiere anderer Rassen gekreuzt. 1929 verfügte er über 60 Blau-

1,0 Fuchskaninchen, fehfarbig (H. Müller, Landeck). *Foto: B & S Fotostudio*

fuchskaninchen (Blaufüchse waren damals nicht blau, sondern braun). 1928 wurde bekannt, dass Zfr. Müller aus Zug/Schweiz ein braunes Langhaarkaninchen erzüchtet habe. Leifer, der inzwischen auch weiße Fuchskaninchen besaß, und Müller traten in Verbindung und tauschten Tiere aus. Anlässlich der Internationalen Pelztierschau 1930 in Leipzig wurde die Rasse anerkannt. Um die Fuchskaninchen hat sich besonders der engagierte Hans Leinenweber aus Altenglan verdient gemacht. Heute sind es vor allem weiße Fuchskaninchen, die ausgestellt werden. Die farbigen Fuchsrassen sind eher selten.

Körperform, Typ, Bau, Stellung, Fellhaar

Gewicht:	2,5–3 kg, Normalgewicht 3 kg und mehr, Höchstgewicht 4 kg.
Form, Stellung:	Infolge der langen Behaarung treten die Körperumrisse weniger deutlich zu Tage als bei den Nor-

	malhaarrassen, dennoch muss der Eindruck des gedrungenen, geschlossenen und gut bemuskelten Körpers und der knapp mittelhohen Stellung ersichtlich sein.
Kopf:	Kurz, kräftig.
Ohren:	Dem gedrungenen Körper entsprechend kurz, fleischig, straff aufgerichtet, gut behaart.
Rumpf:	Breit, walzenförmig.
Rücken:	Hinterpartie gut abgerundet.
Läufe:	Nicht zu lang, mittelstark; auf die parallele Bewegung der Hinterläufe zum Körper ist zu achten.
Fellhaar:	Haarlänge am gesamten Körper gleichmäßig 5–6 cm lang, das Fell ist dicht, voll behaart, Begrannung gleichmäßig, kräftig; das Fell fühlt sich deshalb hart an. Kopf, Ohren und Läufe sind kürzer und normal behaart. L. F.: Unausgeglichene Haarlänge, etwas wolligeres Haar, Anlage zur Bildung von Ohrbüscheln und Behängen, leichte Filzbildung. S. F.: Sehr flatterige, dünne, offene Behaarung, weniger als 4 cm und mehr als 7 cm langes Haar; starke Filzbildung, ausgeprägte Bildung von Ohrbüscheln und Behängen (Angoratyp).
Häsin:	Die Häsin ist vom Rammler kaum zu unterscheiden. Sie ist wammenfrei. Eine kleine, gut geformte Wamme ist bei älteren Häsinnen zulässig. L. F.: Größere Wamme.

Farbe und Zeichnung

Anerkannt sind die Farben Weiß (Rot- und Blauaugen), Schwarz, Blau, Fehfarbig, Havannafarbig, Chinchillafarbig, Gelb und Silber.

Die Deckfarbe hat den Anforderungen an die Farbe der Ausgangsrassen sinngemäß zu entsprechen; sie ist bei allen Farbenschlägen rein und klar. Silberung ist von Hell bis Dunkel in allen Schattierungen zugelassen. Bei den Gelben ist die Deckfarbe kräftig gelbrot. Gleichmäßigkeit der Deckfarbe ist am ganzen Körper zu verlangen; lediglich die Bauchfarbe der farbigen Tiere darf etwas matter sein. Intensiver farbig sind dagegen die kurz behaarten Körperstellen aller farbigen Tiere, wie Kopf, Ohren und Läufe. Die Unterfarbe entspricht sinngemäß den Richtlinien der entsprechenden Normalhaarrassen. Sie hat klar und gut begrenzt zu sein. L. F.: Unreine Deck- und Unterfarbe. S. F.: Stark unreine Farbe, viel Rost, stark weiße Durchsetzung oder Abzeichen.

Allgemeines

Nach ihrem ersten Auftritt kam für die Rasse namentlich nach der Trennung in Wirtschafts- und Sportrassen eine gemächliche Zeit. Die Hoffnungen, ein besonders wertvolles Fell, das dem eines Edelfuchses recht nahe kommen sollte, zu erhalten, haben sich nicht erfüllt. Dennoch ist der Rasse eine bessere Verbreitung zu wünschen. Jungtieren kann man bei der Haarung helfen, indem man ihnen den Bereich der Schenkel und des Schoßes abschert. Damit beschleunigt man in diesem Bereich, der beim Nesthaar stark zum Filzen neigt, die Haarung.

0,1 Jamora (U. Fieß, Oberkirch). *Foto: B & S Fotostudio*

Jamora (Jam)

Zuchtziel

Ziel der Herauszüchtung war es, ein „japanerfarbiges Miniangora" zu kreieren. Mit einem Gewicht von 2,0 bis 2,4 kg sollen Japanerfarbe und -zeichnung sowie eine angoraähnliche Haarstruktur kombiniert werden.

Geschichtliches

Natürlich war es nicht sehr einfach, so verschiedene Gene, wie solche, die Japanerfarbe und -zeichnung bewirken, mit denen für die Angorawollstruktur und denen für den Zwergwuchs zu kombinieren. Der Herauszüchter, Tierarzt Dr. Bernhard Thimm, Dornstadt, brauchte immerhin 5 Jahre, bis aus umfangreichen Kreuzungen von Angora, Hermelin und Japanern die ersten „Prototypen" fielen. Bis zur Anerkennung durch die Standardkommission dauerte es noch einmal weitere 9 Jahre. Nachdem auf der 21. Bundeskaninchenschau 1993 in Essen 36 – teilweise sehr gute – Jamora gestanden hatten, erkannte die Standardkommission die Rasse 1994 an. Ob dieser recht exotischen Rasse eine „große Zukunft“ bevorsteht, ist die zweite Frage.

Körperform, Typ, Bau, Stellung, Fellhaar

Gewicht:	1,5–2,0 kg, Normalgewicht 2,0 kg und mehr, Höchstgewicht 2,4 kg.
Form, Stellung:	Die Körperform ist gedrungen, mittelhoch gestellt. Wegen der langen Behaarung der Tiere treten die Körperumrisse nicht klar in Erscheinung. Zur Beurteilung muss das Tier abgetastet werden.
Kopf:	Kurz, kräftig, mit breiter Stirn- und Schnauzpartie.
Ohren:	Dem gedrungenen Körper entsprechend kurz, fleischig, aufrecht getragen.
Rumpf:	Breit, walzenförmig, gut bemuskelt.
Rücken:	Rückenlinie ebenmäßig, Becken gut gerundet.
Läufe:	Mittellang, gerade, guter Katzentritt.
Fellhaar:	Das Fell ist lang, mindestens 4–6 cm am ganzen Körper. Die Bauchhaare sind immer etwas kürzer. Kopf, Ohren und Läufe sind normal behaart. Die Unterwolle ist dicht, jedoch nicht filzig. Die Begrannung ist stabiler als beim Angora. Die Wollhaare sind mittelfein, seidenweich, regelmäßig und kurz gewellt. Ständiges Haarwachstum ist nicht gefordert.
Häsin:	Die Häsin ist wammenfrei, unterscheidet sich im Habitus kaum vom Rammler.

Farbe und Zeichnung

Die Farbe der Jamora ist harlekinfarbig: Die beiden Zeichnungsfarben, Schwarz und Gelb, sollten sich trotz des Langhaars noch gut voneinander abgrenzen. Die gelbe Farbe kann in ihrer Intensität variieren, jedoch ist eine satte Farbe vorzuziehen. Die Farbe der Augen ist braun, die Farbe der Krallen ist dunkel- bis hellhornfarbig. L. F.: Unreine, blasse oder verwaschene Farben. S. F.: Weiße Abzeichen, außer unter dem Bauch.

Die Kopfzeichnung lebt vom Kontrast der schwarzen und gelben Blümung. Als ideal gilt jedoch die kreuzweise geteilte Zeichnungsanlage der Japanerkaninchen, die die Ohren, den Kopf, die Brust und die Vorderläufe erfasst.

Die Rumpfzeichnung besteht aus Streifen und Farbfeldern, analog derjenigen der Japanerkaninchen. Es sind mindestens zwei schwarze Farbfelder je Seite vorgeschrieben. Die Zeichnung ist umso wertvoller, je abwechslungsreicher sie ist.

Allgemeines

Über die Jamora wird seit ihrem ersten Erscheinen in der Züchterschaft sehr kontrovers diskutiert. Viele Züchter glauben, dass die Rasse keine Zukunft habe. Aber mit solchen Prognosen hat man sich schon bei mancher Neuzüchtung vertan – man denke nur an die Zwergwidder, die vor 20 Jahren ähnlich belächelt wurden wie heute die Jamorakaninchen, und die heute zu den gestandenen Rassen gehören. Züchterisch scheint mir wichtig, selektiv die Filzbildung zurückzudrängen und Tiere mit ständigem Haarwachstum, die geschoren werden müssen, auszumerzen. Tiere dieser Rasse, die für Zucht und Ausstellungen nicht gebraucht werden, gehören nicht in den Zoohandel: In den Händen von Unsachkundigen könnten sie – besonders Tiere mit ständig wachsendem Fell – sonst Tierschützer auf den Plan rufen.

0,1 Zwergfuchskaninchen, weiß RA (H. Simnacher, Mindelheim). Foto: B & S Fotostudio

Zwergfuchskaninchen (ZwFu)

Zuchtziel

Zuchtziel ist ein Zwergkaninchen mit Typ und Körperform des Hermelinkaninchens, kombiniert mit dem Fell des Fuchskaninchens.

Geschichtliches

Mit der Herauszüchtung der Zwergfuchskaninchen begann Horst Weißbach in der ehemaligen DDR Anfang der 70er-Jahre des 20. Jahrhunderts. Ausgangsrassen dazu waren Hermelin und die großen Fuchskaninchen, havannafarbig. Das Ziel war ein Zwergkaninchen mit Langhaar. Die Zwergfuchskaninchen wurden 1980 in der DDR anerkannt, gleichzeitig wurden sie auch in Westdeutschland erzüchtet und dort 1986 ebenfalls anerkannt.

Körperform, Typ, Bau, Stellung, Fellhaar

Gewicht:	Wie beim Hermelin, Normalgewicht über 1,1–1,35 kg, Mindestgewicht 1 kg, Höchstgewicht 1,5 kg.

Form:	Gedrungen, walzenförmig, vorne und hinten gleich breit.
Kopf:	Im Verhältnis zur Größe des Tieres ist der Kopf groß. Er ist kurz und dick, Stirn und Schnauze sind breit, beim Rammler in Augenhöhe etwa 5,5 cm, bei der Häsin zirka 5 cm. Die Augen sind groß und treten etwas hervor.
Ohren:	Die Ohren sind kurz, relativ eng zusammenstehend und an den Enden gut gerundet. Als Ideal gilt eine Ohrlänge von 5,5 cm.
Fell:	Die Behaarung ist 3,5–5 cm lang am ganzen Körper, einschließlich Bauch, die Begrannung soll kräftig und gleichmäßig entwickelt sein. Kopf, Ohren und Läufe weisen eine normale Behaarung auf.

Farbe und Gleichmäßigkeit

Anerkannt sind die Farbenschläge Weiß (Rot- und Blauaugen), Schwarz, Havannafarbig und Fehfarbig. Für die Farbe gelten analog die Vorschriften der normalen Fuchskaninchen.
L. F.: Etwas schmaler Kopf, schwach behaarte, etwas kurze oder lange Ohren, etwas loses Brustfell, ungleiche Haarlänge, etwas wolliges Haar, leichte Filzbildung, Anlage zu Ohrbüscheln. Unreine Deck- und Unterfarbe.
S. F.: Wammenbildung bei Rammler und Häsin, schmaler langer Kopf, zu lange oder zu kurze Ohren (unter 4,5 und über 7 cm), sehr flatterige, dünne, offene Behaarung, Haarlänge unter 3,5 cm, starke Filzbildung, ausgeprägte Ohrbüschel oder Behangbildung, weiße Abzeichen. Zweierlei oder farblose Krallen bei farbigen Tieren. Für die Beurteilung der Farben gelten sinngemäß die Farbforderungen der Ausgangsrassen.

Allgemeines

Die Zwergfuchskaninchen sind zwar noch relativ selten, qualitativ jedoch recht ansprechend. Bleibt zu hoffen, dass auch diese Rasse sich einen festen Stamm an Liebhabern erwirbt. Sie ist nicht nur für Züchter attraktiv, sondern auch für die großen und kleinen Freunde der Kaninchen, die unsere Ausstellungen besuchen.

Neuzüchtung

In der Züchterwerkstatt befinden sich Zwergfuchskaninchen, gelb. Da sich zurzeit nur ein Züchter mit ihnen befasst, der sie dazu auch relativ unregelmäßig auf Bundesschauen zeigt, dürfte hier eine mögliche Anerkennung noch in weiter Ferne liegen. Ähnliches gilt auch für die blauen Zwergfuchskaninchen, die jedoch züchterisch einfacher zu realisieren sein dürften.